餐饮店互联网+实战丛书

互联网+

餐饮店推广、采购、支付

HULIANWANG+CANYINDIAN
TUIGUANG CAIGOU ZHIFU

方 辉◎编著

SPM
南方出版传媒
广东经济出版社
— 广州 —

图书在版编目（CIP）数据

互联网+餐饮店推广、采购、支付/方辉编著．—广州：广东经济出版社，2017.11
ISBN 978－7－5454－5768－1

Ⅰ．①互… Ⅱ．①方… Ⅲ．①互联网络－应用－饮食业－商业经营 Ⅳ．①F719.3

中国版本图书馆 CIP 数据核字（2017）第 206675 号

出 版 人：姚丹林
责任编辑：谭 莉
责任技编：许伟斌

出版发行	广东经济出版社（广州市环市东路水荫路11号11～12楼）
经销	全国新华书店
印刷	东莞翔盈印务有限公司 （东莞市东城区莞龙路柏洲边路段）
开本	730毫米×1020毫米 1/16
印张	13.75
字数	269 000字
版次	2017年11月第1版
印次	2017年11月第1次
印数	1～5 000
书号	ISBN 978－7－5454－5768－1
定价	42.00元

如发现印装质量问题，影响阅读，请与承印厂联系调换。
发行部地址：广州市环市东路水荫路11号11楼
电话：（020）38306055 37601950 邮政编码：510075
邮购地址：广州市环市东路水荫路11号11楼
电话：（020）37601980 营销网址：http://www.gebook.com
广东经济出版社新浪官方微博：http://e.weibo.com/gebook
广东经济出版社常年法律顾问：何剑桥律师

前言

民以食为天，餐饮业乃服务业之首，再加上其从业门槛低，因此很多初创业者、新型互联网创业者都把眼光投向餐饮业。但是，成功者终归是少数，初创业者、新型互联网创业者成功的项目并不多。

我国是人口大国，人们对“吃文化”有着独特的追求。据不完全统计，全国大大小小餐饮店竟然有七八百万家，从业人员也是海量。

经营一家赚钱的餐饮店真的不容易。随着生活水平的提高，人们对于就餐也就变得格外挑剔起来。除了味道，更看重的是健康和就餐体验。一方面，客人求新求异、求奇求特的消费心理使其在餐饮消费上不断追逐新产品、新口味、新服务，常会出现“吃新店、吃新品”的一窝蜂逐新赶潮消费现象，另一方面，餐饮店很难为自己的装饰、服务方式等申请专利，因此，倘若某一产品或服务能吸引客人，则仿者甚多。

餐饮业务构成复杂，既包括对外销售，也包括内部管理；餐饮业经营者既要考虑根据餐饮业的内部条件和外部的市场变化，选择正确的经营目标、方针和策略，又要合理组织内部的人、财、物，提高质量，降低消耗。另外，从人员构成和工作性质来看，餐饮业既有技术工种，又有服务工种；既有操作技术，又有烹调、服务艺术，是技术和艺术的结合。这必然给餐饮管理工作增加一定的难度，要求餐饮业经营者既要根据客观规律组织餐饮的经营管理活动，增强科学性；又要从实际出发，因地制宜，灵活处理，提高艺术性。

在“互联网+”快速发展的今天，人们的就餐选择越来越大，餐饮业经营者不仅要保留过往的优良经验，更要运用互联网思维去经营餐厅，只有这样，企业才能盈利，餐饮店的经营管理才能跟上时代的发展。

基于此，我们针对目前的市场状况，在原来的“舌尖上的餐饮店”丛书中挑选了畅销图书《白手起家，餐饮开店全程实战手册》进行了修订，同时，把餐饮店中和互联网最密切的三个部分组成了《互联网+餐饮店推广、采购、支付》一书。“餐饮店互联网+实战丛书”特色鲜明、内容实用、理念新颖，可操作性强，为餐饮店服务企业负责人和中小餐饮店老板、相关从业人员提供了一个参考，以便于他们开展日常工作。“餐饮店互联网+实战丛书”是一套实用可行的餐饮店管理与操作实务读本，内容如下：

◎《白手起家，餐饮开店全程实战手册》（修订版）主要从“开店前的准备”“餐饮店规模与定位”“餐饮店选址”“开店手续的办理”“餐饮店的装修”“设备与人员配备”“餐饮店网络推广”“菜肴质量与服务”“善用促销”“食品采购与安全”“重视餐饮店卫生”“餐饮店结算方式”等角度进行讲述。

◎《互联网+餐饮店推广、采购、支付》主要从“互联网+餐饮店推广”“互联网+餐饮店采购”“互联网+餐饮店支付”三个部分对餐饮店的互联网应用进行讲述。

本书部分图片与文字内容引自互联网自媒体，请原作者看到本书后及时与编者联系，以便支付稿酬。

编者

2017年9月

目录

第一部分

互联网+餐饮店推广

第一章　网站推广

章前指引

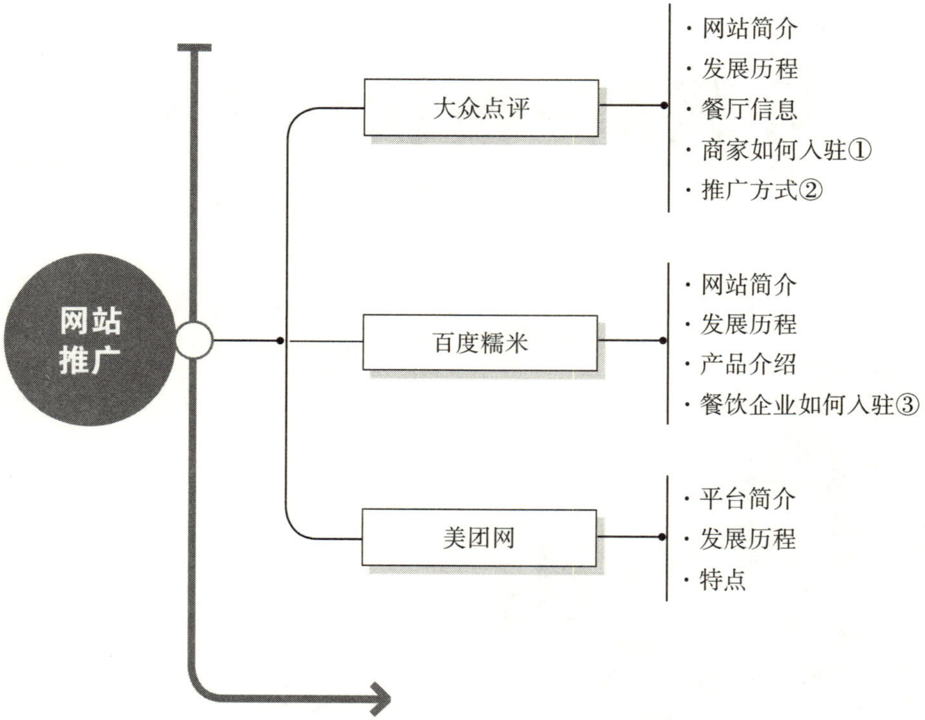

图示说明：

① 大众点评是全国最大的顾客点评网站，目前，大多数餐饮企业选择大众点评进行推广，而多数食客也习惯在大众点评上找餐厅。

② 餐饮经营者应掌握大众点评的五种推广方式，并在网络推广中灵活运用。

③ 百度糯米是全国最大的团购网站之一，一直是餐饮企业网站推广的首选平台之一，其入驻流程也非常简单，给餐饮企业提供了方便。

（一）大众点评

1. 网站简介

大众点评是中国领先的城市生活消费平台，也是全球最早建立的独立第三方消费点评网站。借助移动互联网、信息技术和线下服务能力，大众点评为消费者提供值得信赖的本地商家信息、消费评价和优惠信息，以及团购、预约预订、外送、电子会员卡等O2O闭环交易服务，覆盖了美食、酒店、休闲娱乐、丽人、结婚、亲子、家装等几乎所有本地生活服务行业。

大众点评Logo

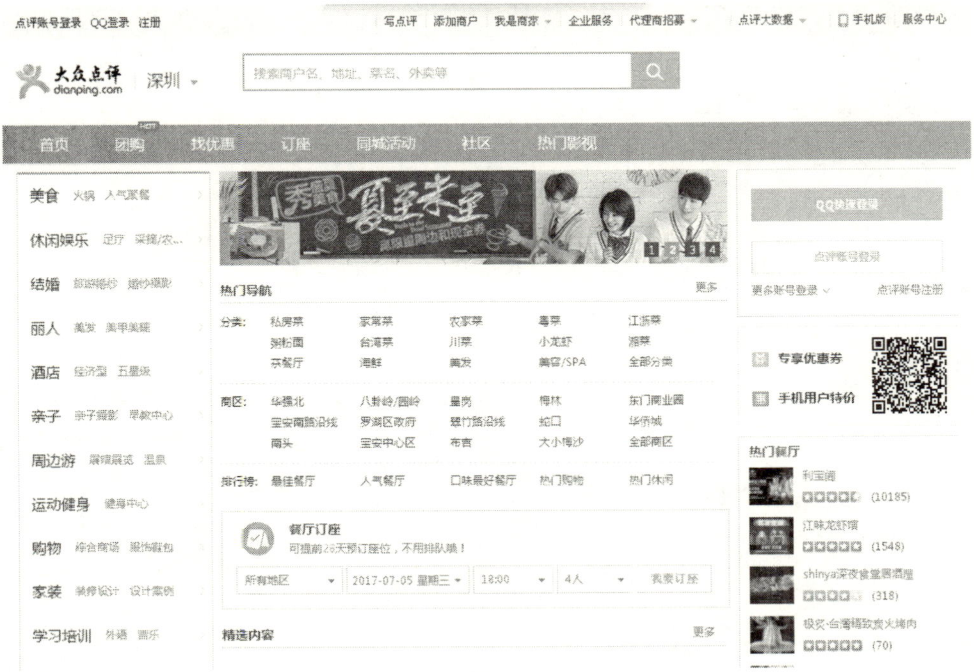

大众点评网站首页截图

2. 发展历程

大众点评的发展历程如下图所示。

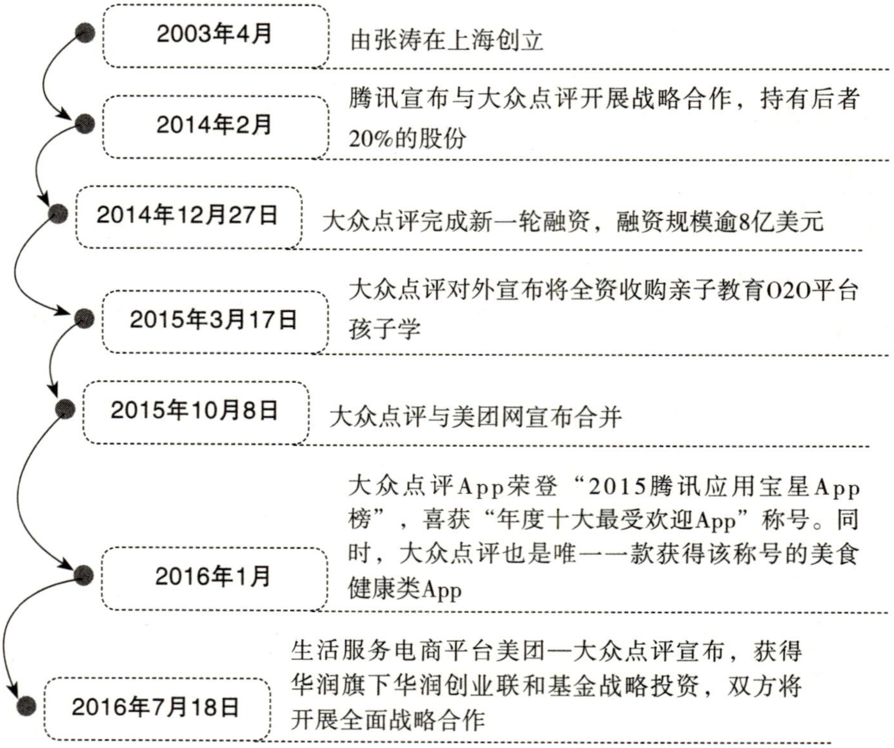

大众点评的发展历程

3. 餐厅信息

整个网站的基础信息主要由两部分组成，如下图所示。

大众点评的餐厅信息

4. 商家如何入驻

（1）非外卖类餐饮企业入驻。

非外卖类餐饮企业该如何入驻大众点评呢？具体如下图所示。

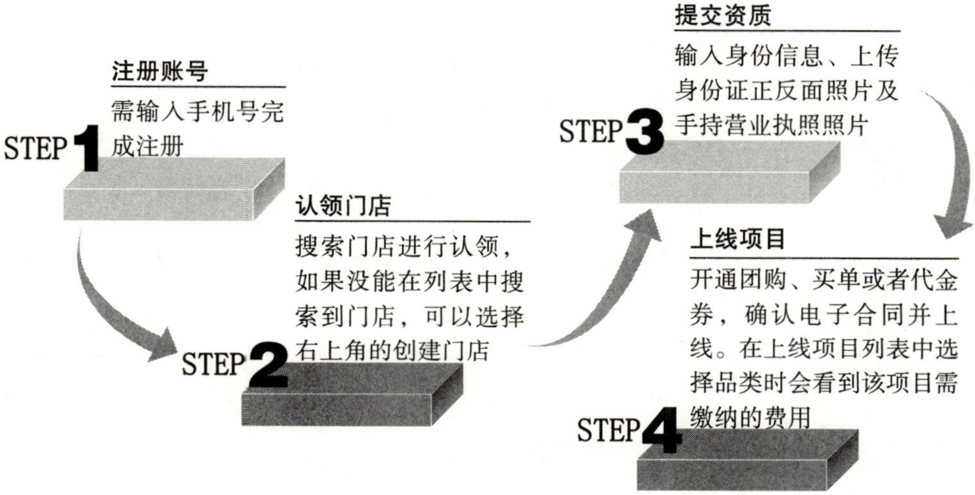

非外卖类餐饮企业的入驻流程

（2）外卖类餐饮企业入驻。

外卖类餐饮企业想入驻大众点评需要通过美团提交资料，经审核后方能上线。

5. 推广方式

大众点评的推广方式主要有5种，如下图所示。

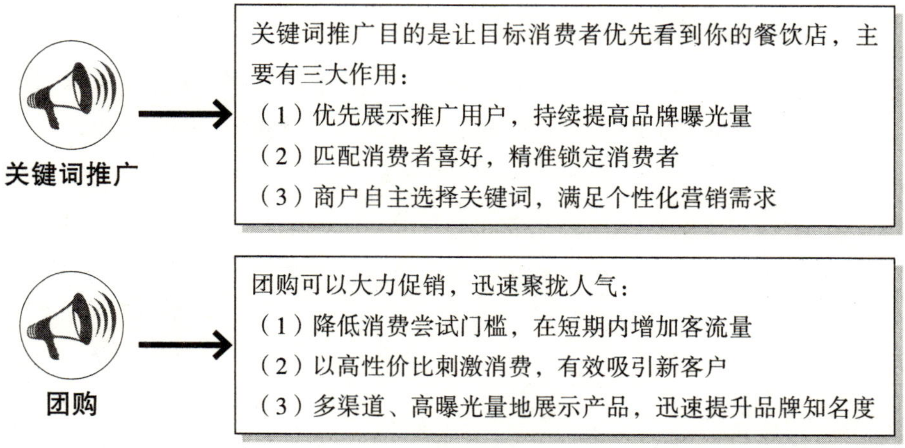

推广通

推广通基于大数据分析，可灵活获得更多品牌曝光机会：
（1）通过大数据分析准确找到目标消费者
（2）智能匹配商家特点与消费者兴趣，精准进行每一次曝光

电子会员卡

电子会员卡的作用是管理和维护良好的会员关系：
（1）实行系统化的会员信息管理，降低维护成本
（2）实行个性化的会员精准营销，提高消费频次
（3）进行多渠道的会员沟通与宣传，提高品牌曝光度与忠诚度

预约预定

通过预约预定功能带来更多优质消费者

大众点评的推广方式

经典案例

乐凯撒的成功秘诀

乐凯撒在2012年凭着一款榴莲比萨，引爆了当时的微博。在榴莲比萨之后，乐凯撒还陆续推出了各种奇特的单品，比如牛油果霜、黑松露比萨、芒果醉鸡比萨等。

凭着这些特色潮流食物，这家餐厅在几年里于深圳、广州、上海等城市开了78家直营店，加上正在装修的，2017年年底将达到150家直营店。

在2017年5月的新品发布会上，乐凯撒采用了米其林盛宴式的华丽设计，还邀请了美食博主进行直播。新一季的菜单上将会出现又一轮奇特的食物：奇亚籽椰子水、椰子和榴莲混搭的比萨，还有长得像饭一般的鳗鱼意面。

长得像饭一般的鳗鱼意面

1. 乐凯撒梦之队

乐凯撒创始人陈宁毕业于电子科技大学，他带领的团队中有惠普的总裁助理、杜蕾斯的营销负责人、华为的数据官、中兴的采购员……有“互联网背景的人占了总监级别以上职位的一半。”陈宁介绍。

这个被陈宁称作“梦之队”的团队，正在用一种全新的方式研发菜品。

乐凯撒的门店

2. 大数据食品研发

在乐凯撒的食物创新中心里，负责人毛宇反复强调的重点是——数据。

据毛宇介绍，在做食品研发时，他们第一步要做的就是用大数据了解食物潮流。百度和大众点评是他们的武器，百度的热词功能可以实时体现消费者的饮食要求的变化，比如他们最新发现，除了好吃这个核心要求，食品的安全和健康问题已经成为消费者最关心的部分，它的热度甚至超过了食物的“颜值”。

除此之外，创新中心每个月还会生成一份大众点评食物潮流报告，这份报告的数据来自所有上海和深圳用户的点评。毛宇会用爬虫软件来抓取和分析上百万条消费者对餐厅从食物到服务的评价，寻找饮食的潮流走向。

科技圈的人都知道，爬虫软件是一种网络机器人，能像蜘蛛一样爬行在千亿条数据中，分析使用者想要的数据。这个技术常用于科研和互联网行业，但现在，曾在联想和华为工作过的毛宇把这门技术用在了餐饮上。

这次推出的新品的创意正是来自于毛宇团队进行的数据分析。在榴莲比萨成为公司招牌的5年后，创新中心在2017年第一次用椰子对榴莲比萨进行改良，并同期推出一款椰子水。因为数据显示，椰子的百度指数在2017年达到有记载以来的最高位，比去年的最高值增长了1400多个指数点。同时，他们还推出了一款蔓越莓奶霜，原因是数据显示今年夏天酸甜口味会流行。

3. 食材的选择

通过数据确定研发方向是第一步，接下来是选择食材。在传统餐饮领域，食材的搭配选择主要是主厨的工作，但在乐凯撒，食材的选择却来自一群外行的头脑风暴。他们考虑的首要元素不是味道，而是一款食材是否有故事性。

比如说乐凯撒卖得最好的4款比萨——榴莲、鳗鱼、黑松露和芒果醉鸡，都是有故事性的食物。“榴莲，水果之王，是一种有性格的水果；芒果相对也比较特别；鳗鱼是借鉴了日本料理的做法；黑松露味道很怪，吃习惯了才觉得香，不习惯的人会觉得有汽油味。”陈宁说，“这些都是很特别的，有性格的食材。”

这的确是一条捷径。在传统餐饮领域，食物要成为爆款许多时候真的要靠时来运转。比如潮汕牛肉火锅，原本在广东地区已经有百年历史，直到最近2年，伴随着火锅的各种新潮流，潮汕牛肉火锅才火到了上海和北京。

国外也是同样的情况，比如纽约的一家名叫Sweetgreen的沙拉餐厅，2007年初创时2周都没有一个顾客，却在近几年借助着健康生活方式的流行，将分店开到了美国的8个州。

相比之下，像乐凯撒这样直接去寻找和跟踪当下最流行的餐饮需求和人们喜欢听的故事，似乎要保险得多。

现在毛宇一年的研发任务是10款左右单品，以比萨和饮品为主，平均每月一款新品。速度快的时候，他们研发一款新品只需要2周时间。

4. 资本入驻

比起餐厅，乐凯撒的产品研发方式和发展节奏听起来有点像快时尚，紧跟潮流、节奏快，可以迅速进行标准化扩张，这也是投资人看中它的原因。

孙谦是红杉资本的中国基金合伙人，因为看中乐凯撒的团队和新思维，在2015年向乐凯撒注资了6000万元。在他看来，比萨的品类受众广，后台操作简单，在门店扩展开了后也很容易复制。他曾经担心榴莲的口味不是那么大众化，但考虑到一个门店需要爆款，可以试一试。

孙谦现在的投资目标还有专做云南米线的刀小蛮，背后老板是云海肴的赵晗——一个人民大学国学院的毕业生。

餐饮界这些年出现了不少“门外汉”，都获得了投资人的认可。比如前2年火爆京城的西少爷肉夹馍创始人孟兵，也是从百度的高级工程师转型到餐饮业，并获得弘毅资本1000万美元的投资。

“我们的视野会非常开阔。”毛宇解释为什么“门外汉”会受到青睐。

“不管厨师以前有什么样的套路，我完全不管，我就按照科学的一套东西来。”这是毛宇做餐饮的信条。

不过，“门外汉”思维不能解决所有问题。最终，餐饮还是餐饮。在这些新型餐厅扩张的同时，它们同样要面临终端人才跟不上的问题，比如门店里的服务人员流动性太大，经验不足。

而所有的流行都会过时，不管是流行食物，还是流行品牌。乐凯撒正在想办法让自己的特色流行周期变得更长一些。在各种榴莲口味的食物都有的今天，给榴莲比萨贴上“新潮”的标签已不再合适。除了追椰子上“新潮”的潮流之外，跨界是毛宇接下来的菜品研发方向。他正在探索与周黑鸭联名做比萨的可能性，或者像其他餐厅一样和共享单车合作。

“要越来越会玩，不要把自己局限在一个小品牌中，应借助年轻人喜欢的一些爆点，做一些让人眼前一亮的创新。”毛宇说。

拓展阅读

如何把大众点评上的餐厅分享到微信中？

大众点评中有各种餐厅的介绍，在遇到一些非常棒的餐厅，想和朋友分享时，如何才能把餐厅分享到微信中呢？在大众点评的手机客户端中，有一个一键分享功能。

第一步：打开大众点评客户端，在首页中，点击美食按钮，进入美食页面，里面介绍着各种餐厅。选择一家很棒的餐厅，点击查看详细信息。

第二步：在餐厅的详细信息页面，点击顶部的分享按钮，在分享方式中选择分享给微信好友。

第三步：在分享界面中，选择联系人，填写分享的理由，点击分享，按钮，那么大众点评上的餐厅就会分享给微信中的朋友了。

（二）百度糯米

1. 网站简介

百度糯米是百度公司旗下连接本地生活服务的平台，前身是人人网旗下的糯米网。百度糯米汇集美食、电影、酒店、休闲娱乐、旅游、到家服务等众多生活服务的相关产品，并先后接入百度外卖、去哪儿网等平台，一站式解决与吃喝玩乐相关的所有问题，逐渐完善了百度糯米O2O的生态布局。

百度糯米Logo

百度糯米首页截图

2. 发展历程

百度糯米的发展历程如下图所示。

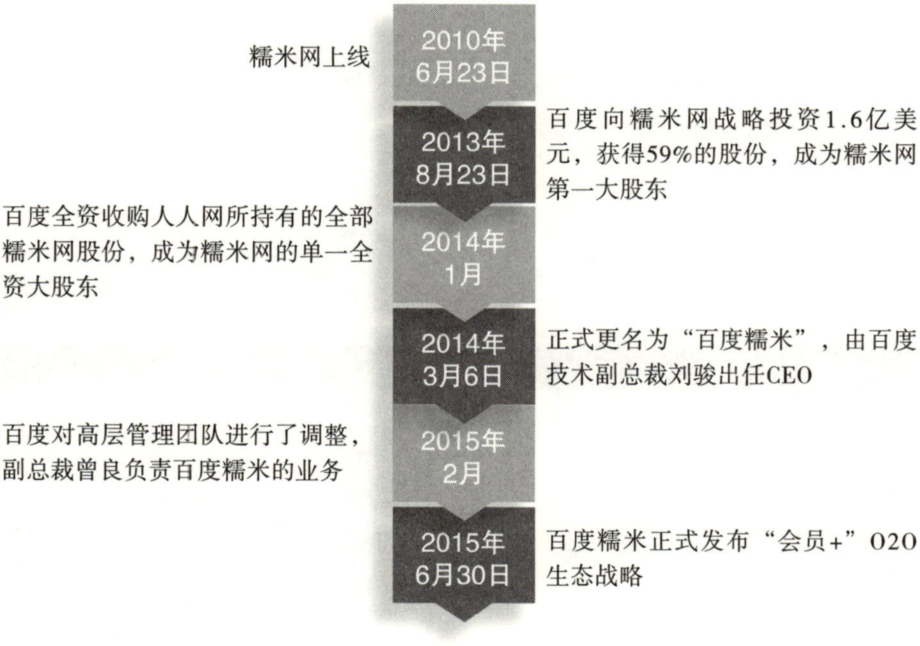

百度糯米发展历程

3. 产品介绍

百度糯米的产品分为三大类，如下图所示。

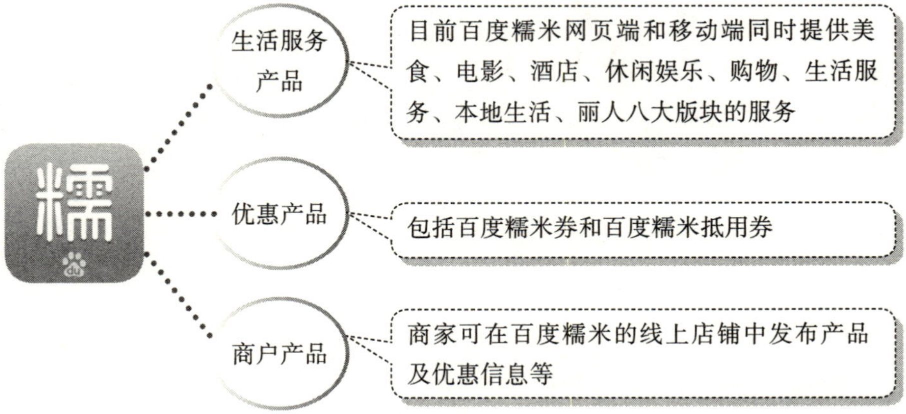

产品介绍

4. 餐饮企业如何入驻

百度糯米的入驻非常简单，具体步骤如下。

（1）进入商户中心。

进入百度糯米网站，点击最上面一排的我是商家按钮，然后在下拉菜单中点击商户中心按钮，进入商户中心。

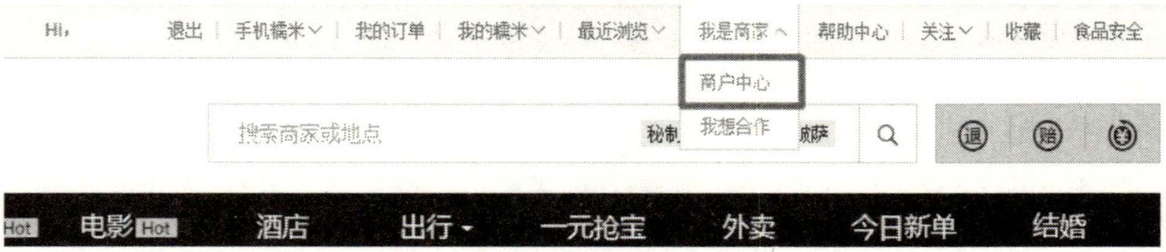

商户中心按钮

（2）登录或注册。

如已有商户账号可直接登录，如没有账号可直接免费注册。

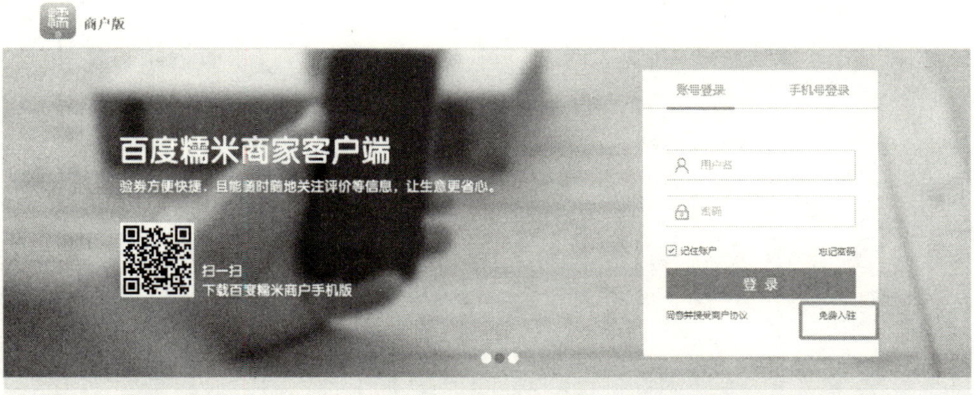

登录页面

（3）免费入驻。

点击免费入驻按钮进入注册页面，在填写相关信息后等待审核。

注册页面

（4）审核成功后上线。

如果资料审核通过，百度糯米的工作人员会在1～2个工作日内联系商家，确认后即可上线。

经典案例

小黑牛与百度糯米合作

小黑牛自助餐厅在百度糯米举办团购活动，内容如下。

1. 套餐内容

假日周末自助晚餐1份，价值79元。

2. 温馨提示

为避免食材浪费，如有浪费，每100克酌收20元/位。

用餐时间为100分钟，如有延时，每10分钟酌收10元/位。

为了更好地为您服务，如需团体用餐（8人以上）请提前3小时预约。

儿童价格：身高<1.1米，免费；1.1米<身高<1.4米，半价（优惠活动不可同时使用）。

以上团购价不含锅底费用，锅底有清汤、骨汤、麻辣、鸳鸯等，价格为10元、12元、15元、18元不等。

3. 消费提示

有效期	2016年10月19日至2017年10月20日
可用时间	限每周一、二、三、四、五使用
预约提示	无须预约，直接消费（高峰期间消费需排号等位）
使用规则	·团购用户暂不享受店内其他优惠 ·每张糯米券限1人使用 ·每次消费不限使用糯米券张数，可叠加使用 ·1.1米（不含）以下的儿童免费，1.1米（含）至1.4米（含）的儿童37元/位，1.4米（不含）以上的儿童等同于成人，需使用1张糯米券或原价支付 ·自助餐仅限堂食，不提供打包服务 ·部分菜品因时令原因有所不同，请以店内当日实际供应为准

续表

温馨提示	· 提供收费停车位 · 提供免费Wi-Fi

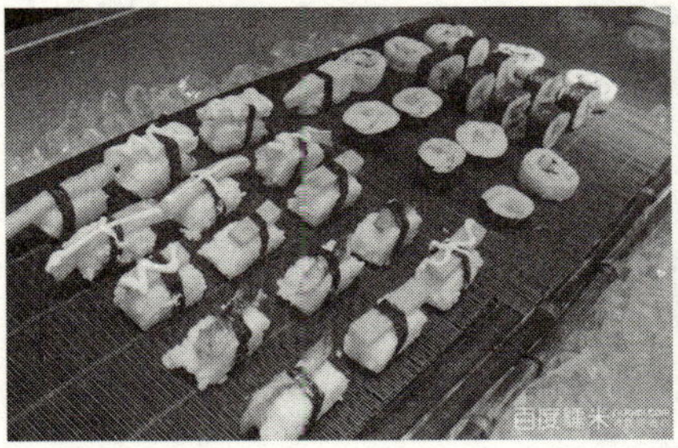

（三）美团网

1. 平台简介

美团网
meituan.com

美团Logo

美团网是2010年3月4日成立的团购网站，由饭否网创始人王兴创办，美团网类似于国外的

groupon团购网站，宗旨是为消费者发现最值得信赖的商家，让消费者享受超低折扣的优质服务；为商家找到最合适的消费者，给商家提供最大收益的互联网推广。

2. 发展历程

美团网的发展历程如下图所示。

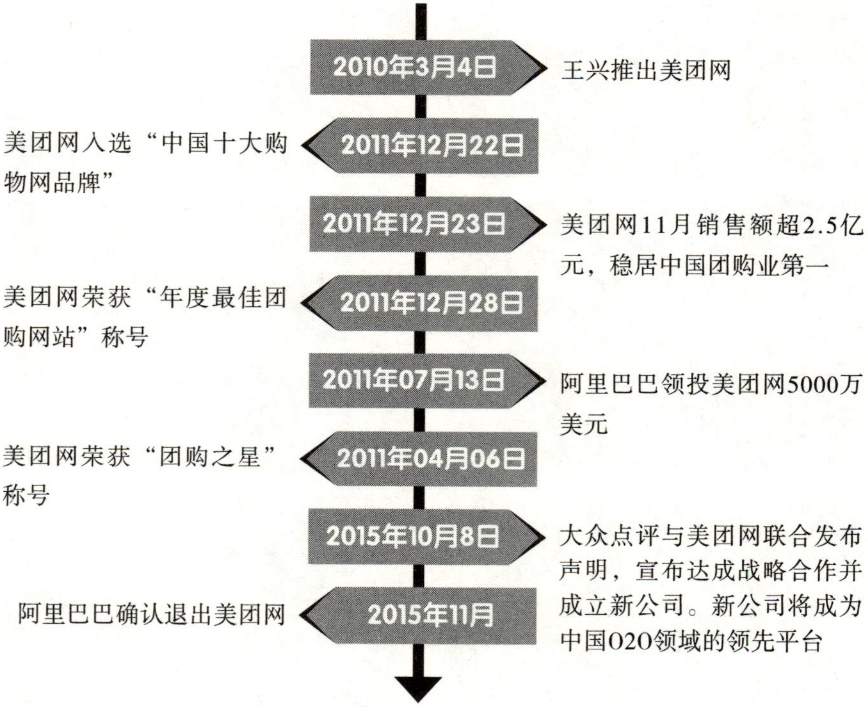

美团网的发展历程

3. 特点

美团网团购主要有三大特点，具体如下图所示。

特点一

“7天内未消费，无条件退款”计划

凡是在美团网申请团购成功的消费者因特殊情况未在7天之内消费美团券，经核实符合退款标准的，美团网会在第一时间给消费者退款

特点二

"消费不满意，美团就免单"计划

美团网在推出"7天内未消费，无条件退款"计划的基础上，开创性地新增了"消费不满意，美团就免单"计划，为用户在利益方面提供了更加完善的保护

特点三

"过期未消费，一键退款"计划

2011年3月4日，美团网在成立1周年之际正式宣布"过期未消费，一键退款"计划正式启动，即美团网用户如过期未消费，就将获得退款服务

美团三大特点

拓展阅读

美团点评实现平台化，欲扩大外卖优势，撬动吃喝玩乐生活服务

2017年5月，美团点评公布了最新业绩，日订单超1800万张，年度活跃买家有2.4亿个，活跃商家有300万个，收入同比呈三位数增长，整体实现盈亏平衡。

与此同时，美团点评各个细分垂直业务均实现飞跃，美团点评外卖日订单突破1100万张，旅行酒店日入住间夜量突破120万，旅行景点门票单日入园人次超115万。

非常明显，如今的美团点评已演变成一个一站式生活服务平台，其撬动的市场容量无疑是非常巨大的。

所谓平台，一个重要特点是基础业务的横向扩展性强，美团点评切入的恰好是一个非常适合扩展的领域——吃喝玩乐生活服务。现在看来，过去2年美团点评坚持在做的一件事是扩大基础业务即外卖的优势，再通过坚实的基础实现平台化。

外界看到的是一个盒饭5元钱的补贴，主营业务发展无望的盈利前景，却看不到由基础业务扩大所带来的人流能够创造的巨大价值。人流所过之处，酒店业务带起来了，电影票业务带起来了，打车业务、旅游业、飞机票及火车票业务也要带起来，且能以比竞争对手低得多的成本实现获客，这不免会令人心生恐惧。

人的日常生活中，要吃饭、要休闲、要娱乐、要住店、要乘坐交通工具，将这些需求分割在不同的应用中去得到满足，远不及在一个应用中囊括这些需求，用一站式服务的方式加以满足，这是美团点评能够完成横向扩张的主要依据。与一些需要花费大笔资金获客的垂直服务平台相比，美团点评对需求有自然获取能力。

吃喝玩乐原本就是一个很难分割的整体，用户会很难理解为何美团点评能够满足人们吃的需求，却无法满足人们住的需求和出行的需求。在平台化的基础上，某些服务环节的缺失甚至会成为拉低用户体验的因素，而那些自然涌现的需求对美团点评而言，是不做白不做的事情，反正也不需要花大钱去获客，还能完善用户体验，何乐而不为。

在吃喝玩乐中，吃算是一个高频需求，也是基础需求，美团点评先下力气把这件事做扎实了，把用户牢牢粘住后，一些垂直细分需求就会自然产生，之后美团点评再下功夫补充服务品类，尽可能把那些垂直需求都覆盖到。服务品类完善之后，其整体的服务价值就不再仅仅是几个盒饭那么简单了，在平台上聚集的庞大需求，能够使美团点评获得更强的和商家议价的能力，美团点评目前能够实现盈亏平衡，正是边际效应的直观体现。

第二章　广告推广

章前指引

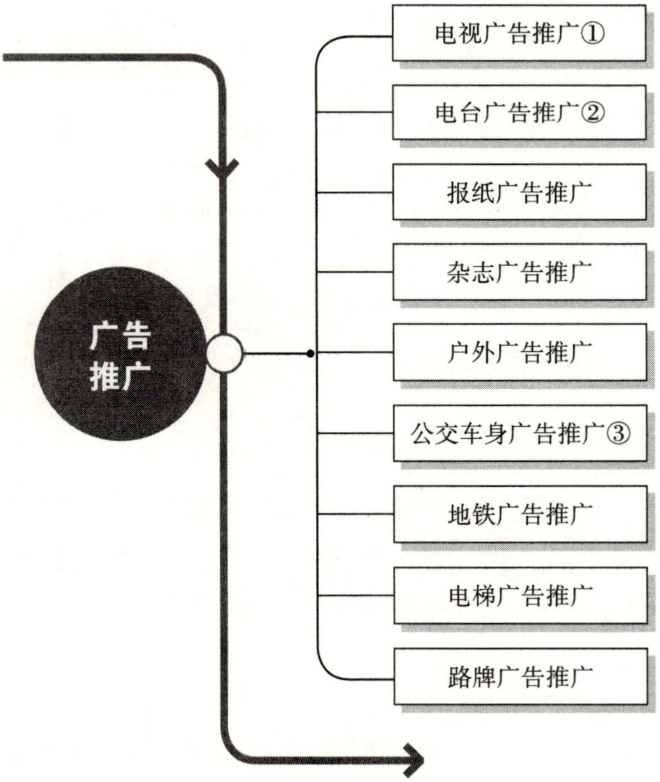

图示说明：

①电视广告一直是企业喜欢使用的推广方式，其特点是传播速度快、覆盖面广，但是成本贵。

②电台广告是一种线性传播，听众无法回头思考、查询。一般电台广告的受众为本地或考周边地区的消费群体。

③公交车身广告是可见机会最大的户外广告媒体，现在也越来越被餐饮企业重视。

（一）电视广告推广

在了解电视广告推广之前，首先需要了解电视广告的相关基础知识，以确定餐饮企业是否适合利用这一媒体进行广告推广。

1. 电视广告的特点

电视广告有两个特点，如下图所示。

电视广告的特点

2. 注重创意

如今，各种电视广告让顾客目不暇接，因此只有富有创意的广告才能吸引顾客。那么，餐饮企业该如何提高自己的电视广告创意水平呢？这就需要餐饮企业从电视广告的社会大环境入手，站在消费者的角度去审视电视广告创意。

（1）考虑社会大环境。

餐饮企业的电视广告必须融合社会的特点，考虑公众的普遍心理，尊重多种文化习俗。不同的国家传统文化与民族尊严都应该得到尊重，任何广告文化都受到其民族传统文化、习俗与民族心理的影响。

（2）贴合品牌和产品特征。

一个好的电视广告创意必须有一份完善的广告策划案作为支持。电视广告作为产品宣传的一种方式，其目标是提高产品的销售量和公司的整体促销效果。

产品必须有独特的销售主张和明确的定位，这样才能在消费者心中占有一个独特的位置，才能加深消费者对产品的印象，激发消费者的购买欲望。

（3）优化和加强感官印象。

电视广告创意作品必须追求视觉形象的大众化，在色彩、构图、音乐等方面符合受众的审美需求。如针对年轻人的产品要突出活力和个性，在色彩方面要求亮丽。创意的情感诉求也是很重要的一个方面。

（4）善于利用代言。

利用名人代言是常见的广告方式，但是应该慎重选择代言的明星，尽量选择与品牌产品关联度高的代言人。

很多知名的品牌均塑造了属于品牌或产品的中心人物，拉近了和消费者之间的距离，如麦当劳叔叔、肯德基上校等。

餐饮企业在电视台播放广告，肯定要与其签订合同，以保障双方的合法权益。以下是一份电视广告合作协议，供大家参考。

拓展阅读

电视广告合作协议

合同编号：__________

广告客户名称：________餐饮有限公司（以下称“甲方”）

地址：________________________________

联系人：________________________________

电话：________________________________

传真：________________________________

广告代理发布单位：________广播电影电视集团（以下称“乙方”）

地址：________________________________

联系人：________________________________

电话：________________________________

传真：________________________________

甲、乙双方根据《中华人民共和国广告法》及有关规定，经友好协商签订本合同，并共同遵守。

1. 甲方委托乙方于____年____月____日至____年____月____日期间发布电视广告，广告片名称为______________________________。

2. 广告发布媒介为______________________________。

3. 单位广告规格为______________________________。

广告编排方式和发布时间表格式：____________________。

4. 单位广告刊例价为____元，折扣价为____元，发布总次数为____次，重播____次，发布总金额为______元（大写：____________________人民币元整）。

5. 广告采用甲方样带，未经甲方同意，乙方不得擅自改动甲方广告样带。在广告发布期间，甲方若更改样带内容，需要提前7天通知乙方。样带内容更改后，须将附加协议附在合同后面；乙方在广告播出后10个工作日内免费为甲方提供AC尼尔森（或央视索福瑞）监播证明。

6. 付款方式。

合同签订后，甲方预付1个月广告费，然后按月支付，每月15号前凭上月乙方监播证明（该监播报告须符合合同内容）支付当月广告费用，最后1个月的广告费作为尾款，由甲方在广告按合同要求播出完毕后15个工作日内支付。

7. 错播、漏播的处理。

乙方播出完毕后15个工作日内，由甲方提供的第三方监播证明为依据，如出现错播（指在1个播出日内播错时段）、漏播（指在1个播出日内播出次数不足）情况，由乙方按照“错一补一，漏一补二”的方式，在错播、漏播的次日起3个播出日内予以补播，错播后未如期补播的，按漏播处理；如在合同日期内出现多次漏播情况，漏播天数超过3个播出日（包含3个播出日），则除了按照合同由甲方指定日期补播外，乙方还要退还甲方合同总金额的____%作为违约金。若乙方不予补播，则乙方除了支付合同总金额____%的违约金外，另须退还漏播部分价款。若为电视台临时调整导致不能如约播出的，则乙方须提前以书面形式通知甲方，否则，甲方将有权按照漏播处理。因电视台临时调整导致播出次数减少的，相应价款应予以扣除。

8. 违约责任。

（1）如因乙方原因不能按期发布，则发布期顺延，每延误1天，发布期顺延1天，如乙方顺延发布广告超过15日，甲方有权单方解除合同，并按合同总额的____%追究乙方的违约责任。

（2）若广告设施出现故障造成广告无法发布，乙方应在24小时内修复，同时按维修损失时间顺延广告发布时间。在广告制作和维护保养过程中，对于非甲方原因给乙方或第三方造成的财产损失和人身伤害，由乙方处理并承担全部责任。

（3）乙方在播放广告等过程中造成的一切人身、财产损失由乙方承担。

（4）乙方不得擅自改动广告内容、时段、时长、栏目，否则，甲方将不承担改动部分的广告费用。如甲方中途须暂停广告发布，在收到甲方书面通知后2天内，乙方须确认回传。

（5）广告样带及最终播出的广告片版权归甲方所有。未经甲方允许，乙方不得将其用于其他方面或许可他人使用、转让他人使用，否则应支付本合同总额____%的违约金，并赔偿由此给甲方造成的损失。

9. 知识产权与保密。

（1）乙方尊重甲方的知识产权，不向任意第三方复制和扩散甲方广告内容。

（2）双方应保守在缔结和履行合同过程中获知的对方内部保密信息，除因履行合同义务或法律、法规规定应披露的之外，不得以任何方式向第三人披露及不正当使用。否则，应当赔偿因泄露保密信息给对方造成的损失。上述保密义务不因本合同履行完毕、终止或解除而免除。

10. 不可抗力。

（1）由于发生不能预见、不能避免且不能克服的不可抗力情形，直接影响本合同的履行时，遇有不可抗力的一方应当立即书面通知对方，并在发生不可抗力之日起30天内，提供不可抗力发生的详情及合同不能履行、部分不能履行或需要延期履行的有效书面证明，该证明文件应当由不可抗力发生地的公证机关出具。

（2）根据不可抗力对本合同的影响程度，双方应当协商是否解除本合同或部分、全部免除履行本合同的责任，或延期履行本合同。

11．合同争议的解决。

（1）与本合同有关的一切争议，双方应首先友好协商解决。如果协商不能解决，任何一方均可将争议提交甲方所在地人民法院。

（2）诉讼期间，除有争议的部分外，本合同其他部分应继续履行。

12．合同的转让、更改及生效。

（1）合同双方都不得单方面修改合同内容。拟修改合同内容的一方应当就修改事项列明拟修改条款并以书面形式通知对方，双方协商同意后，应就修改条款签订补充协议。

（2）补充协议必须经双方法定代表人或授权代表人签字后方可生效。补充协议为本合同的组成部分，一经签署即具有法律效力。

（3）未经双方同意，任何一方不得将本合同规定的权利和义务转让给第三方或委托第三方代理。

（4）合同有效期内，乙方如发生资产重组、并购等债权债务转移情形，应及时通知甲方。

（5）本合同经双方签字盖章后生效，合同一式四份，甲、乙方各执两份。

甲方（盖章）：________________	乙方（盖章）：________________
负责人或授权代理人：	法定代表人或授权代理人：
（签字）________________	（签字）________________
签字地点：________________	签字地点：________________
签字日期：________________	签字日期：________________

经典案例

肯德基电视广告推广

肯德基通过电视广告与消费者之间建立了情感的纽带，从而轻松地使消费者接受了产品的口味。肯德基定位为“家庭成员的消费”，目标是提供温馨、团圆的家庭式用餐气氛。

80%～90%的肯德基电视广告采用了“生活剧场”的表现形式，以一户普通家庭为背景，让家庭内的男女老少分别作为主角，用生活化的方式讲述老百姓的快乐美食故事，让人留下美好的记忆。

人们常常会从电视上看到肯德基的新产品上市广告，几乎每个季节都有新产品推出——从不辣的劲脆鸡腿堡到黄金烤鸡腿堡，从颇具中国风味的老北京鸡肉卷到广东风味的咕咾鸡肉卷，从草莓圣代到冰纷彩豆圣代，从果珍橙汁到九珍果汁……

电视广告是表现最直接且受众最广的市场推广方式，利用电视广告提升品牌影响力和知名度无疑是十分有效的方式。肯德基在推出霜糖油条时，便从中国的本土特色出发，通过播放煮粥、炸油条等做早餐的画面，突出中国早餐文化，贴近大众生活，让人产生亲切感，进而迅速为人们所接受。

（二）电台广告推广

1. 电台广告的特点

电台广告是一种线性传播，听众无法回头思考、查询。所以，电台广告应善于运用口语或者生动具体的广告词语来进行表述，不要过于烦琐，尽量少用重句，要能够使听众一听就明白、一听就懂，这样才能产生绝佳的广告效果。一般电台广告的受众为本地或者周边地区的消费群体。电台广告主要具有以下几个特点。

成本较低、效率较高、受众面广。一般可以通过热线点播、嘉宾对话、点歌台等形式来刺激听众参与，从而增强广告效果

电台广告的特点

传播手段受到技术的限制，不具备资料性、可视性，表现手法单一

电台广告的特点

经典案例

××餐饮企业电台广告

好消息！特色饮食店——全国著名餐饮连锁企业××将在____月____日隆重开业。开业期××优惠大酬宾，欢迎惠顾！地址：××路××商厦旁。电话：____________。

2. 电台广告的优势

电台广告的广告量虽然在总体广告中所占比例不大，但电台媒体所具有的独特优点，如可以边工作边收听、随时随地收听等，使其成为主流媒体广告的重要补充。包括可口可乐在内的很多世界500强公司都有专门的电台媒体策划部门。为什么现在电台广播的效果越来越好了呢？原因如下。

优势一：有车一族人数越来越多，电台是针对有车一族的唯一有效媒体

优势二：手机已经非常普及，而且一般手机都自带收音机功能，收听还完全免费

优势三：谈话类的互动节目很受人们欢迎，通过播放专家、嘉宾感性的描述和理性的分析，很容易使收听者产生信任感

电台广告相对于电视广告、户外广告、公交车身广告等来说，其价格较低

优势四

电台广告的优势

经典案例

××餐饮企业电台冠名广告

××音乐台的《××爱车音乐时间》节目，由××餐饮企业冠名特约播出。该节目的听众都是有车一族，行为特点比较一致，也都具有相应的消费实力。在节目之外，该餐饮企业还为听众提供了很多与汽车相关的服务，例如赠送汽车类杂志和提供修车及保养方面的信息，甚至还提供××汽车拉力赛的门票等。

3. 电台广告的目标人群

电台广告的目标人群如下图所示。

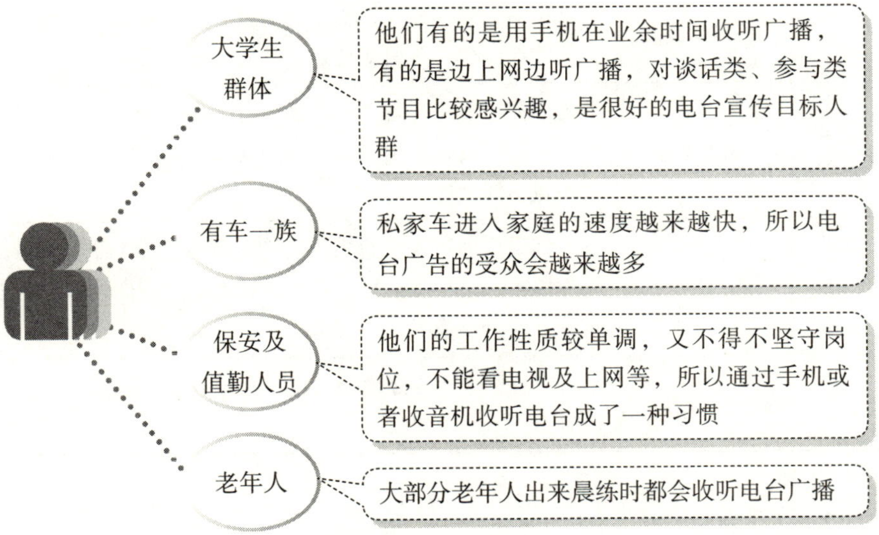

电台广告的目标人群

不同的节目拥有不同的听众，穿插其间的餐饮广告就能吸引不同类型的就餐者。

（1）针对年轻人和现代企管人员、专业人员的广告可穿插在轻音乐等节目中。

（2）不同时间的广告所吸引的对象也不同。一般来说，白天上班时间播放的广告主要吸引老年人和家庭主妇。

（3）电台常常以主持人与来访者对答的形式做广告，这样会显得比较亲切。

4. 电台广告制作方法

现在，许多电台都设有与餐饮行业相关的栏目，如美食推荐之类的，有专门的记者负责餐饮美食类活动策划等。电台广告一般都由专业的广告制作公司制作，餐饮企业可以选择资质较好的公司进行合作。

（1）确定广告词。

电台广告主要通过声音来传递信息，所以广告词要清楚、明白、易于理解和记忆，使消费者通过收听广告可以对产品的品牌、价格有一个详细的了解。制作餐饮电台广告时的注意事项如下表所示。

餐饮电台广告制作注意事项

序号	事项	说明
1	广告词简明易懂	尽量简短，多用短句，少用修饰语，注意口语化、地方化，最好能在广告一开始就切入产品的主题
2	播音速度适中	节奏太慢会显得拖沓沉闷，而节奏太快又会让听众难以听清楚或者在听的过程中感到疲劳，所以语速一定要适中，不能太快也不能太慢
3	重复朗读	反复朗诵广播广告中的某些词句，主要有两个作用，一是鼓动作用，二是加强记忆。特别是针对品牌的广告，只有不断重复，才会增强听众的记忆
4	增强吸引力	电台广告的开头一定要有特色，必须一下子就能吸引听众的注意力

（2）协调背景音乐。

在电台广告中，背景音乐主要有三个作用：一是引起听众兴趣，避免广告太过平淡单调；二是营造气氛与情调，让听众加深对产品的印象；三是突出广告主题，增强广告感染力。

（3）选择广告演员。

在电台广告的制作过程中，演员的选择同样是很重要的一个环节。像一般的陈述式、对话式广告往往都选择播音员来播读，但是由于听众对播音员的声音比较熟悉，很难产生新鲜感，而且有些情节性的广告需要各种不同角色的演员来扮演，如父亲、母亲、孩子等，因此配音演员可从话剧演员、电影演员、配音演员中选择，以进一步增强电台广告的吸引力。

（三）报纸广告推广

1. 报纸广告

报纸广告以文字和图画为主要载体来向客户传递企业和产品信息，它不像其他广告媒体如电视广告等一样受到时间的限制，可以反复阅读，便于保存。

餐饮企业可以在报纸上购买一定大小的版面来大张旗鼓地宣传自己，并在广告上注明订餐电话、餐厅地址。

2. 报纸广告的形式

常见的报纸广告形式主要有八种，具体如下图所示。

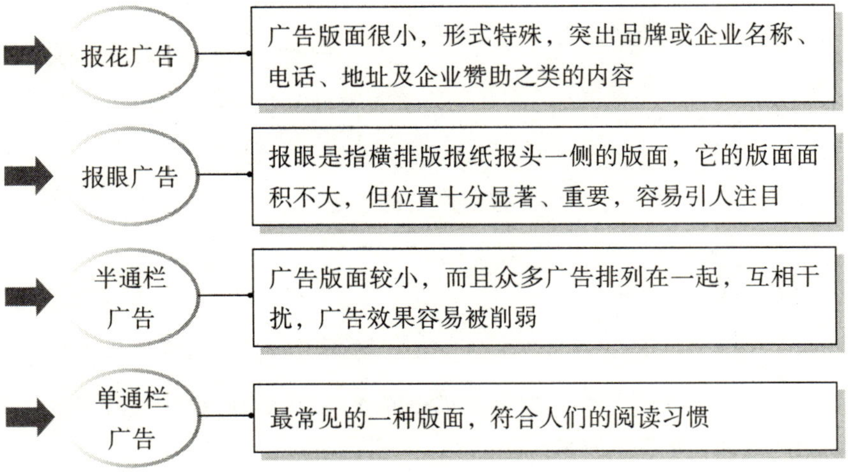

- 双通栏广告：在版面面积上，它是单通栏广告的2倍。凡是适用于报纸广告的结构类型、表现形式和语言风格都可以在这里运用
- 半版广告：半版广告属于“大版面广告”，可体现企业的经济实力
- 整版广告：单版广告中最大的版面，给人以视野开阔、气势恢宏的感觉
- 跨版广告：刊登在两个或两个以上的报纸版面上，一般有整版跨板、半版跨板、1/4版跨版等几种形式

报纸广告的形式

3. 报纸广告的特点

报纸广告主要有三个特点，具体如下图所示。

- 报纸可以反复阅读，便于保存、剪贴和编辑
- 能给客户较充分的时间来接收信息，更容易给读者留下深刻的印象，且信息表达较为精确，成本也较低
- 报纸广告传播速度慢于电视、电台，传播范围也小于电视、电台，且受到受众的文化程度限制

报纸广告的特点

4. 适用范围

报纸广告更适合美食节、开业、店庆、节假日等促销活动，也可以登载一些优惠券，让读者剪下来凭券享受餐饮优惠服务。不过要注意登载的频率、版面、广告词和广告的大小、色彩等。

经典案例

××餐饮企业报纸广告

××餐饮企业自开业以来，生意长盛不衰，树立了良好的企业品牌。为了向广大食客提供更好的就餐环境、菜品和服务，经过两个月的重新装修、员工培训及菜品调整，将于××月××日以全新的形象开门迎宾。为了回报广大食客长期的厚爱和支持，开业一周内客人凭报纸广告可享受八折优惠。

开业的时候，70%的客人都拿着报纸广告来吃饭。本来该餐饮企业菜品的价位就比较低，再打八折当然就更实惠了，于是生意火得不得了。虽然说过去生意较好，但一个月的营业额也就是30多万元，而重新开业以后，该餐饮企业第一个月的营业额就高达70多万元。

现在许多城市的晚报、商报等都市生活类报纸都设有美食版，餐饮企业可以选择合适的版面刊登广告。

拓展阅读

报纸广告合作合同

甲方：______餐饮有限公司

乙方：______报社

第一条　总则

甲、乙双方在平等自愿的基础上，根据《中华人民共和国广告法》和《中华人民共和国合同法》及有关法律、法规的规定，经友好协商签订本合同，以便共同遵守。

第二条　广告发布事宜

发布内容、发布形式、发布时间及费用等如下表所示。

广告发布事宜

媒体	发布位置	发布规格	原始报价/元	折扣	折后价/元	发布时间
备注：						

第三条　合同总金额及付款方式

1. 本合同总金额为________元（大写：__________人民币元整）。

2. 甲方须在每期广告刊登前付清款项。

3. 甲方以现金或转账方式支付广告费用。

第四条　甲、乙双方的权利及义务

1. 甲方广告稿必须在刊登前____天以电子文件或光盘的方式发送给乙方。

2. 乙方负责为甲方办理发布广告的审批手续。

3. 乙方应确保该广告按照甲方的要求正常发布。

第五条　违约责任

1. 甲方对其广告发布内容的真实性、合法性及可能导致的侵权行为负责。

2. 甲方应按期付款，如甲方不按期付款，乙方有权终止本合同。

3. 若乙方不按约定发布完所有广告，由乙方承担由此给甲方造成的一切经济损失（除不可抗力因素外）。

第六条　不可抗力

因有不可抗力因素致使全部或部分不能履行本合同或迟延履行本合同，乙方应自不可抗力事件发生之日起三日内，将事件情况以书面形式通知甲方，并向甲方提交导致其全部或部分不能履行或迟延履行合同的证明，经甲方签字同意后，将剩余费用退还甲方。

第七条 争议解决

履行本合同过程中发生争议时，双方应协商解决；协商不成按下列两种方式处理。

1. 向仲裁委员会申请仲裁。

2. 向人民法院起诉。

第八条 保密

乙方对因本次广告发布而获知的甲方的商业机密负有保密义务，不得向其他第三方泄露，但中国现行法律、法规另有规定的或经甲方书面同意的除外。甲方不得将合同价格泄露给第三方。

第九条 补充与变更

本合同可根据各方意见进行书面修改或补充，由此形成的补充协议与本合同具有同等法律效力。

第十条 其他

本合同自甲、乙双方授权代表签字盖章之日起生效；本合同一式二份，甲、乙双方各执一份。

甲方：________________ 乙方：________________

日期：________________ 日期：________________

（四）杂志广告推广

1. 杂志广告的分类及特点

杂志可分为专业性杂志、行业性杂志、消费者杂志等。由于各类杂志的读者群体比较明确，所以餐饮企业可以有针对性地选择合适的杂志发布广告。餐饮行业杂志主要有《美食与美酒》《餐饮经理人》《中国烹饪》《天下美食》《贝太厨房》《名厨味道》等。杂志广告具有以下特点。

特点一：针对性强、专业性强，范围相对固定，即不同的人阅读不同的杂志，便于餐饮企业根据目标对象选择其常读的杂志投放广告

特点二：储存信息量大，图文并茂，专栏较多、较全，且纸张、印刷质量高，对消费者心理影响显著

特点三：出版周期长，适用于时效性不强的广告

杂志广告的特点

2. 适用范围

餐饮企业可以有目标地选择一些杂志登广告。如针对新婚夫妇婚礼宴会的广告，可登在《家庭》《现代家庭》《中国青年》等杂志上。

杂志广告

拓展阅读

杂志广告刊登协议

甲方：______餐饮有限公司

乙方：______杂志社

甲、乙双方在平等自愿的基础上，根据《中华人民共和国广告法》（以下简称《广告法》）和《中华人民共和国合同法》及有关法律、法规的规定，经友好协商达成如下协议。

一、合作范围

甲方担任乙方年度合作单位，并在乙方所属媒体上刊发______广告。

二、工作内容

1. 甲方负责提供广告文案、图片、墨稿、产品设计以及相关证明文件。广告内容必须符合《广告法》相关规定。如有刊期调整，双方本着负责的态度另行商定。

2. 乙方原则上对甲方提供的广告墨稿负责，但有权根据《广告法》的要求对广告文字进行编辑处理，修改后的样稿需征求甲方意见。

3. 乙方按时刊登产品宣传广告，同时在××杂志的显要位置刊登合作单位的名称、Logo及法人代表名单，并每期向甲方提供20份样刊。

三、合作期限

××杂志____年____期至____年____期。

四、付款方式

为了确保广告按时刊登，合同一经签订，甲方须在5个工作日内转账，支付广告宣传费给乙方。

五、甲方的权利和义务

1. 甲方应对相关图片和文字资料的合法性、真实性、准确性和完整性负责，如因甲方提供的资料而引起法律纠纷，相关的一切责任由甲方负责，乙方不承担由此产生的直接责任或连带责任。

2. 甲方有权对所提交的设计稿和其他文件以书面形式提出修改意见和建议，乙方据此进行修改、调整，直至甲方直接负责人认可后方可定稿。

3. 若因甲方资料提供、审稿、定稿后再次修改等因素造成工作延误，乙方不承担相关责任与损失。

4. 双方合作期间，甲方有权对某些双方分歧较大的项目进行修改、调整。

5. 甲方应按照本协议规定及时付款，以保证项目的正常进行。

6. 甲方在提出各种正式建议与意见时，应采用传真、E-mail等书面方式，以增进沟通的效率，方便未来查证。

六、乙方的权利和义务

1. 乙方应尽职尽责为甲方服务，按时、按质、按量完成甲方委托的各项广告宣传工作。

2. 乙方应主动提前向甲方索要各类工作所需的相关资料。

3. 乙方需与甲方保持紧密联系，经常与甲方进行交流。

七、收费标准

费用总计：________元。

八、终止合作的条件

任何一方违反本协议，对方应及时纠正；若违反方不予整改，则对方有权终止本协议。

九、其他

1. 甲、乙双方可在协商一致的情形下，以附件形式补充其他条款。

2. 本协议连同附件一式两份，双方各执一份，具有同等法律效力。本协议自双方签约之日起生效。

甲方：________________

乙方：________________

（五）户外广告推广

1. 户外广告种类

（1）自设性户外广告。

以标牌、灯箱、霓虹灯单体字等为媒体形式，在本企业登记注册地址，利用自有或租赁的建筑物、构筑物等阵地设置的广告（含标志等）。

（2）经营性户外广告。

在城市道路、公路、铁路两侧以及城市轨道交通线路的地面部分、河湖管理范围、广场、建筑物、构筑物和交通工具上，以灯箱、霓虹灯、电子显示装置、展示牌等为载体设置的商业广告。

2. 申请发布户外广告的程序

申请发布户外广告的程序如下图所示。

① 领表	（1）申请自设性户外广告：携带本单位营业执照或事业单位法人证书等有效证件，到本单位所在地工商分局或工商所领取户外广告登记申请表 （2）申请经营性户外广告：需携带广告公司的营业执照副本（原件），到本公司所在地工商分局领取户外广告登记申请表
② 提交文件、证件	（1）申请自设性户外广告：户外广告登记申请表、户外广告设置批准文件、营业执照（事业单位法人证书）等有效证件 （2）申请经营性户外广告：户外广告登记申请表、户外广告设置批准文件、营业执照有效复印件、广告发布合同、户外广告占地协议以及法律和法规规定的其他证明文件
③ 受理	接待人员在确认相关文件、证件齐备后，开具受理行政许可申请决定书

4 领取户外广告登记 —— 申请人根据受理行政许可申请决定书开具的日期，携带受理行政许可申请决定书领取户外广告登记证

申请发布户外广告的程序

3. 户外广告的特征

户外广告的特征如下图所示。

特征一：对地区和消费者的选择性强。一方面可以根据地区特点选择广告形式，如在商业街、广场、公园、交通工具上选择不同的广告表现形式；另一方面可向经常在此区域内活动的固定消费者进行反复宣传，加深其对广告的印象

特征二：利用了消费者散步游览时在公共场合产生的空白心理。在这种时候，一些设计精美的广告、霓虹灯等常能给人留下非常深刻的印象，能引起较高的关注度，更易使消费者接受广告

特征三：具有一定的强迫诉求性质。即使是匆匆赶路的消费者，也可能因对广告的随意一瞥而留下一定的印象，并因反复多次而加深印象

特征四：表现形式丰富多彩。特别是高空气球广告、灯箱广告的发展，使得户外广告逐渐取得了与市容浑然一体的广告效果，使消费者非常自然地接受广告

特征五：能避免其他竞争广告的干扰，而且广告费用较低

特征六：广告站牌大多数位置固定不动，覆盖面不会很大，宣传区域小。针对这个特点，餐饮企业可将广告牌设立在人口密度大、流动性强的地方，比如机场、火车站、轮船码头等，大型连锁餐饮企业也可以做全国性户外广告

特征七

效果难以测评。户外广告的对象是在户外活动的人，具有流动的性质，接受率很难估计

户外广告的特征

户外广告

经典案例

餐饮企业发布户外广告需满足哪些条件

××餐饮企业开业在即，老板陈某打算发布户外广告。经过咨询，陈某了解了发布户外广告是需要申请的，必须确保符合法律、法规的要求，申请条件如下。

（1）申请自设性户外广告，应具有合法的主体资格，并取得有关部门的设置批准文件。

（2）申请经营性户外广告，应为合法的广告公司，并取得有关部门的设置批准文件。

（3）申请自设性户外广告，应在设置所在地工商分局或工商所办理登记。

（4）申请经营性户外广告，应在广告载体设置所在地工商分局办理登记。

（5）申请户外广告登记，凡文件、证件齐全者，工商行政管理分局应在受理后5个工作日内办理准予行政许可或不予行政许可的手续。

拓展阅读

户外广告制作合同

甲方（发布方）：______广告有限公司

乙方（广告主）：______餐饮有限公司

甲、乙双方根据《中华人民共和国广告法》及《广告管理条例》的相关规定，就广告发布有关事项签订本合同并共同遵守。

一、广告形式

路牌。

二、广告位置

______市______区______路______号。

三、广告规格

（略）

四、广告期限

自____年____月至____年____月，共计____年。实际发布时间以验收报告中确认的发布时间为准。

五、广告价格

1. 广告费：含发布费、占地费、维修费、保险费、基础架制作费，______万元/块，共____块，合计______万元。

2. 广告费的支付：签订合同后____日内，乙方向甲方支付广告费共计______万元。

六、双方责任

1. 甲方负责户外广告报批手续办理、广告稿样审批和验收及发布期的保修及维护等工作。

2. 甲方负责将广告稿样报有关部门审批，若审批不合格，将稿样退回乙方修改。稿样一经确认即作为制作及验收的有效依据，为本合同附件，与本合同一并保存。乙方因提出与稿样不同的要求所发生的费用由乙方负担，由此而耽误的广告发布时间，甲方不予顺延。

3. 甲方收到乙方第一期款，在广告稿样确认后30日内完成制作。制作完成后3日内，甲、乙双方共同验收。验收合格，乙方在验收报告上签章；若乙方接到甲方通知不及时验收，超过3日后，甲方视同乙方验收合格。

4. 乙方应按期付款，如乙方不按期付款，甲方有权终止本合同，广告位置不予保留。

5. 广告发布期间，如因甲方责任造成广告发布终止，由甲方承担责任；如因乙方责任造成广告发布终止，由乙方承担责任；如因不可抗力造成广告发布终止，甲、乙双方友好协商解决。

七、合同续签

合同期满前1个月，双方可重新商讨延长本合同事宜。同等条件下，乙方享有优先权。如合同期满乙方未办理续签手续，乙方不再享有优先权，广告位置不予保留。

八、争议解决

任何一方违反合同，双方协商不成，可向经济合同仲裁机关申请仲裁或向人民法院起诉。

九、附则

1. 本合同一式两份，甲、乙双方各执一份。

2. 合同附件一式两份，甲、乙双方各执一份。

3. 如合同中有未尽事宜或本合同需进行修改，双方可签订补充合同。

4. 本合同自签字盖章之日起生效。

甲方：____________________　　乙方：____________________

代表：____________________　　代表：____________________

日期：____________________　　日期：____________________

（六）公交车身广告推广

中国人口众多，这决定了公共交通的绝对重要性和未来发达程度，同时也给公交车身广告的发展提供了巨大的空间。

1. 公交车身广告的优势

公交车身广告是可见机会最大的户外广告媒体，其具体优势如下图所示。

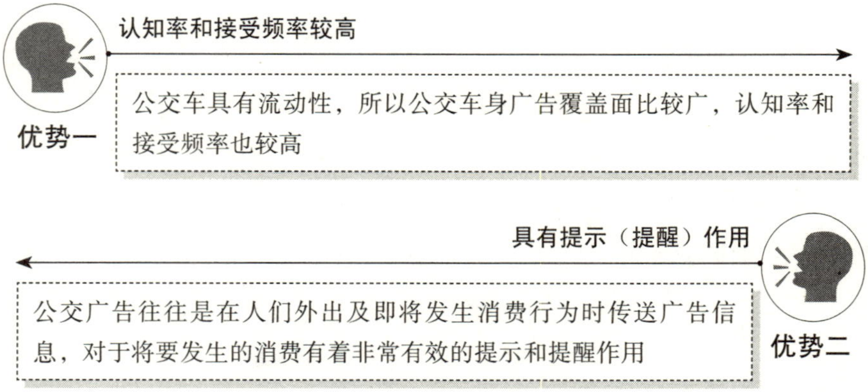

优势三　投入少　效果好

公交车身广告费用很低，在发布时间和价格上具有很大的灵活性和优势

优势四　广告作用时间长

公交车身广告可以在相当长的时间内专门发布某一个信息。人们由于出行需要，不断往来于同一个广告前，频频接收到广告信息，经年累月，就会留下极深刻的印象

优势五　灵活性强

根据所宣传的内容选择相应的公交环境，有助于有的放矢地进行宣传，以同等甚至更少的广告费用发挥更大的实际效应。其他大众传媒或限于时段，或限于版面，或限于空间等，难以有较强针对性地进行市场选择

优势六　面向大众

公交车身广告的信息是投向整个市场的，受众不会受到社会阶层和经济状况等条件的限制

优势七　具有一定的环境美化作用

一幅公交车身广告实际上就是一幅大型的图画，无论构图、造型、色彩都具有美感，这是报刊等媒体所不能比拟的。为了醒目，绝大部分广告都鲜艳夺目，艺术感很强

公交车身广告的优势

2. 公交车身广告的发布形式

公交车身广告的发布形式主要包括三种，如下图所示。

发布形式

- **双侧形式**：一般位置在两侧车窗以下范围
- **半车形式**：一般位置在车身两侧、车尾及车窗玻璃局部
- **全车形式**：一般位置包括车身两侧、车尾及车窗玻璃局部、车顶及脊柱位置

公交车身广告的发布形式

公交车全车形式广告

拓展阅读

公交车身广告发布合同

甲、乙双方本着诚实信用、平等互利的原则，根据《中华人民共和国广告法》《中华人民共和国合同法》及有关法律、法规的规定，经过双方

友好协商签订此合同。

一、广告发布内容

（略）

二、广告发布地点

（略）

三、具体内容

合同期限、线路、发布形式、数量及费用如下表所示。

广告发布具体内容

城市	发布形式	路线	媒体租金（元/台/月）	发布期（月）	媒体总金额（元/台）	制作费（元/台）	数量（台）	制作费小计（元）

（1）合同期限：____年____月____日至____年____月____日。

（2）上述价格已包含媒体发布费和车身广告制作费______元。

四、广告审查

甲方应当向乙方提供有关广告客户资质证明和广告内容真实、合法、有效的证明文件，并加盖公章。

五、广告画面制作及安装

（略）

六、广告清洁与维护

（略）

七、合同的提前终止

因不可抗力致使不能继续履行本合同或不能实现合同目的的，当事人一方应当及时通知对方，以减轻可能给对方造成的损失，并应当在合理期限内提供相关证明。

八、线路因素

广告媒体如因公路维修、公交线路调整及自然灾害等因素而影响广告发布，互不追究违约责任。乙方必须提出相应的解决办法。

九、不可抗力

本合同中的不可抗力是指不能预见、不能避免且不能克服的客观情况（政府行为、自然灾害、战争、疫情）。因公共交通部门管理、政府或公共交通部门的临时调动、车辆定期维修和保养等引起广告发布位置（或线路）或发布时间出现的短期变更也依此类情况处理。

十、保证与承诺

甲方承诺所发布的广告符合中华人民共和国相关法律、法规的规定，并承诺广告客户拥有交予乙方发布广告内容的一切权利，保证未侵犯国家、集体及他人的合法权益。如有违反，则由甲方承担全部责任。

十一、争议解决

凡因本合同的履行而引起的一切争议，双方应友好协商解决。如不能协商解决，则向甲方所在地人民法院提起诉讼。

十二、合同生效

本合同自甲、乙双方签字盖章之日起生效。本合同一式两份，具有同等法律效力，甲、乙双方各执一份。

甲方：________________　　　　乙方：________________

签章：________________　　　　签章：________________

日期：________________　　　　日期：________________

（七）地铁广告推广

随着中国城市规模的快速扩大，地铁网络得以迅速发展。地铁媒体在受众数量、受众质量以及媒体传播环境等衡量媒体价值的重要指标上得到有力提升，成为企业传达信息的有效媒介渠道。

1. 地铁广告的特点

地铁广告的特点如下图所示。

地铁广告的特点

- 关注度高：据统计，乘客在地铁站内的停留时间平均为30分钟，包括候车时间4分钟、乘车时间26分钟，在这段时间内，他们会比较关注地铁广告
- 投放灵活，创意多：突破常规的灯箱形式，由多种媒体组合而成，创意空间无限
- 视觉效果好：洁净、舒适、无干扰的媒体环境，体现高端品质形象
- 覆盖面广：每条地铁线均为城市公共交通网络的重要组成部分，每日为数以万计的市民出行提供方便
- 接触频次密：相对稳定的上下班及购物人流，每天多次接触广告

地铁广告的特点

2. 地铁静态广告的主要发布位置

地铁静态广告的主要发布位置如下图所示。

- 车厢内海报：在车厢内形成独特的广告环境，乘客在行程内全程接受广告信息
- 月台灯箱：位于地铁候车站台内，以高素质视觉效果展示信息，最适合发布新产品或树立品牌形象
- 通道海报：位于地铁站通道内，在乘客的必经之路与目标受众直接接触，最适合用于产品短期促销

位置	说明
通道灯箱	位于地铁各站通道内，除具备海报优势外，其超薄的灯箱外形、高品位的媒体形象有助于提升品牌的美誉度，能有效激发过往乘客的消费欲望
通道灯箱长廊	分布在乘客最为集中的几条通道内，与目标顾客有长时间的接触机会，能加深乘客对广告的印象
月台灯箱长廊	最具创意性的轰动型媒体，能创造独家展示的强势氛围
扶梯侧墙海报	位于扶梯侧墙，直接面对出入口上下扶梯的乘客，价格便宜，是理想的促销媒体，整条扶梯可以展示一系列产品，或者以一式多样的广告画面营造强烈的视觉效果
大型墙贴	位于地铁最精华的站点，展示面积巨大，适合知名品牌维护与提升品牌形象，是新品上市及促销的最佳选择
特殊位	位于地铁站出入口或者售票点上方，位置独特，面积庞大，非常醒目，适合用于品牌形象展示

地铁静态广告的主要发布位置

地铁通道海报广告

地铁通道灯箱广告

3. 地铁视频广告

地铁广告不仅包括各种静态宣传画，也包括动态视频广告。现在，地铁的站台与车厢内全都装有收视终端，编织成了一个庞大的播出网络，让乘客无论身处何处都可以轻松收看，拥有其他媒体无法比拟的广告平台。

拓展阅读

地铁广告发布合同

甲方：________	乙方：________
地址：________	地址：________
法定代表：________	法定代表：________
联系人：________	联系人：________
电话：________	电话：________
开户行：________	开户行：________
账号：________	账号：________

一、媒体租用条款

序号	地点	媒体名称	媒体数量（个）	发布时间（日）	单价（元）	费用合计（元）
1						
2						
3						
…						

特别说明：

1. 上述媒体只供发布内容所限画面，不得发布与之无关的画面，否则，甲方可以拒绝发布。

2. 制作安装费为第一次发布画面的制作安装费，发布期内如乙方需更换画面，需另行支付制作安装费。

3. 乙方需在广告发布前____个工作日内将制作光盘提供给甲方。

登挂时间：________________________

付款时间：________________________

二、一般性条款

1. 付款时间及方式。

乙方应按下列期限及方式将合同款如期支付给甲方：___________。

2. 逾期付款。

乙方逾期付款的，每逾期____日，应按逾期应付广告发布款的万分之五向甲方支付滞纳金。逾期付款超过____日的，甲方有权解除合同，并追究乙方的违约责任。

3. 乙方应提供的证明文件。

（1）营业执照及其生产、经营资格的证明文件。

（2）广告内容涉及商品质量认证、企业认证的，需出具相应的认证机构的证明文件。

（3）广告内容涉及他人的肖像权或者知识产权的，需出具有权使用、获准使用的证明文件。

（4）发布广告需经有关行政主管部门审查的，还应提供有关批准文件。

（5）确保广告内容真实性、合法性的其他证明文件。

4. 广告画面的审批、制作、交付。

（1）乙方应在广告发布前____日交付广告样稿给甲方审查。对其中不符合《中华人民共和国广告法》和其他法律、法规以及有损地铁广告发布的统一布局和美观的内容，甲方有权要求乙方修改。乙方修改后，甲方即送国家工商行政部门审批，并在获知审批结果之日起____日内通知乙方；乙方拒绝修改的，甲方有权拒绝发布。

（2）乙方需将制作画面的工作交由甲方的制作商进行，以保证画面质量、上画时间及地铁广告的整体布局，画面费用另行收取。

5. 广告发布的确认。

（1）甲方确保广告按合同约定（或双方商定）的日期发布，并于广告发布后____个工作日内将广告刊出通知书及广告发布照片送达合同所载乙方营业地址。如乙方收到上述文件后____日内未就广告发布的内容、数量及效果等事宜向甲方提出书面异议，则视为乙方已确认甲方按合同约定履行广告发布的义务。

（2）广告发布开始后，乙方就广告发布的内容、数量及效果异常等事由向甲方提出异议的，应于异常事由出现之日起____个工作日内书面通知甲方，双方协商解决。如甲方在广告发布期内未收到乙方就广告发布提出异议的书面通知，则视为乙方已确认甲方按合同约定全部完成了广告发布。

6. 广告的维护、撤换。

（1）甲方负责广告发布之后的日常清洁和维护工作。

（2）如乙方需取回广告发布期限届满或者发布期间内撤换的广告画面，应于广告画面撤换前____日通知甲方，并于广告画面撤换之日起____日内取回，逾期甲方不予保留。

（3）乙方如需在广告发布期内更换画面位置，按如下标准向甲方支付换画的人工费用：梯牌广告牌每张______元，站厅及通道小灯箱每张

______元，站厅及通道大灯箱每张______元，站台大灯箱每张______元。

7. 广告发布内容、位置、时间的变更。

（1）乙方在广告发布期内拟变更广告内容的，应提前____日通知甲方，并同时提交新的广告样稿及相关证明文件。

（2）因地铁建设、维护、运营及地铁广告整体布局调整等特殊情况需变更乙方发布广告的位置的，甲方有权将广告移往其他同等价格的位置，并且以书面形式通知乙方；对于赠送位置，甲方有权根据实际情况变更。

（3）因地铁建设、维护、运营及地铁广告整体布局调整等特殊情况不能按合同约定时间发布广告的，不以甲方违约论处，甲方保证自恢复广告发布之日起顺延被延误的发布时间。

8. 合同的解除。

（1）广告发布合同尚未开始履行，一方当事人要求解除合同的，应于合同约定的广告发布日的____日前书面通知对方当事人，合同在通知送达对方当事人时解除。未提前____日书面通知的，合同不得解除。

（2）广告发布合同已经开始履行，一方当事人要求解除合同的，应书面通知对方当事人，经双方当事人协商达成一致意见，并形成书面合同方可解除。

9. 广告发布位置。

所有广告占有位置的确定均应以乙方与甲方订立的广告发布合同的规定为准。甲方将按照先到先得的原则进行媒体定位管理。

10. 违约责任。

若合同一方有逾期履行合同或者其他违反合同约定的行为，应按不低于合同标的总额____%的标准向另一方支付违约金，另一方有权要求违约方继续履行合同。

11. 争议解决。

本合同受中华人民共和国法律管辖并按照中华人民共和国法律解释，由本合同产生的或者与之相关的一切争议均应由甲方所在地管辖。

12. 其他。

本合同一式两份，甲、乙双方各执一份，具同等法律效力。如有未尽事宜，双方可协商解决并订立补充条款。

（八）电梯广告推广

1. 电梯广告的特点

电梯广告是户外广告的一种类型，因其针对性强、费用低，所以非常适合用于餐饮产品的宣传推广。它是镶嵌在城市小区住宅楼、商务楼、商住楼等电梯内的特制镜框里的印刷品广告载体。

电梯广告是一种富有创意的非传统媒介，能直接有效地针对目标受众传达广告信息。据测算，凡在高层住宅楼居住或工作的用户，每人每天平均乘坐电梯5次，电梯广告至少有3次闯入他们的视线，这样的高接触频率使其具有更好的传播效果。

2. 选择最合适的电梯

现代城市高楼林立，电梯楼也越来越多，在既有效又经济的前提下，从众多的楼房中选择出最有效的电梯作为推广场所也就显得尤为重要。

01 选择的楼房应是入住率在80%以上的住宅楼或写字楼

02 根据当地电梯楼的数量、密度制订投放计划，一般情况下，应一次性覆盖2～3个区域，精选7～8部电梯实施投放

03 向预选楼房的电梯广告代理公司咨询广告投放的相关事宜

04 电梯广告的针对性强，在选择广告内容时可考虑以美食外送服务为主

如何选择合适的电梯

电梯广告

（九）路牌广告推广

1. 路牌广告的定义

路牌广告是指在公路或交通要道两侧，利用喷绘或灯箱发布的广告，它是户外广告的一种重要形式。

2. 路牌广告的特点

路牌广告可以根据地区的特点选择合适的广告形式，能够对经常在附近活动的固定消费者进行反复宣传，使其印象深刻。

3. 路牌广告的分类

路牌广告可分为平面广告和立体广告两大类。平面路牌广告包括招贴广告、海报、条幅等。立体广告则包括霓虹灯、广告柱及广告塔灯、灯箱广告等。

第三章　微信推广

章前指引

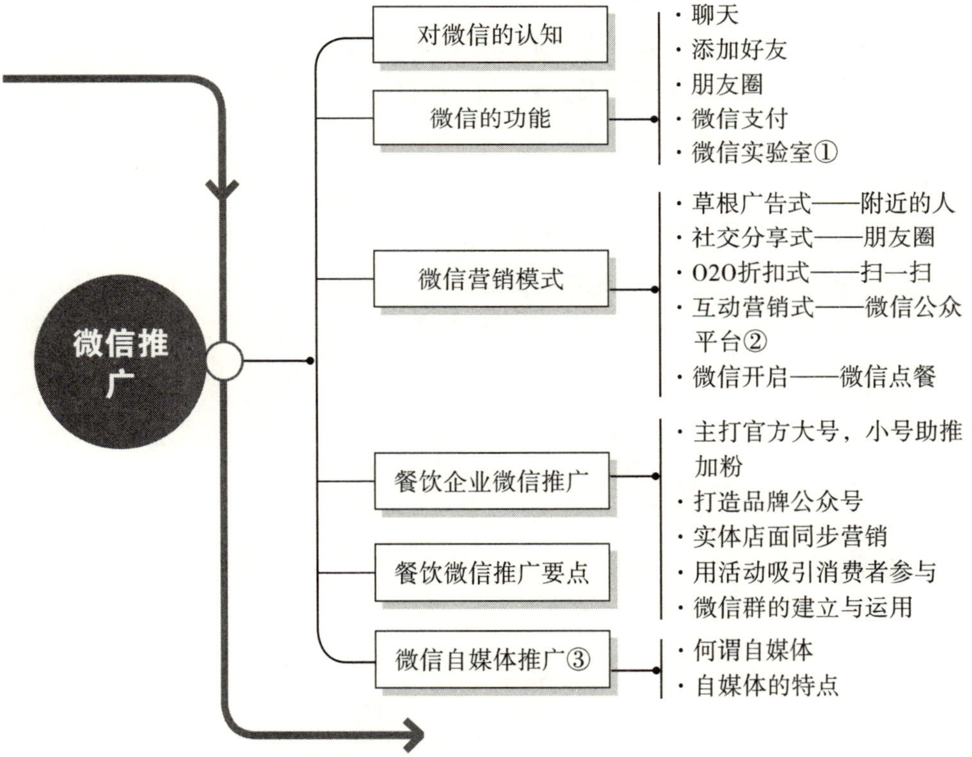

图示说明：

① 微信实验室是微信最新推出的功能，主要包括看一看和搜一搜，这给人们提供了很多便利，也给了餐饮企业更多的推广机会。

② 微信公众平台原来有三种账号：服务号、订阅号、企业号，2017年新增加了小程序，现在很多餐饮企业已开始运用小程序来推广。

③ 自媒体又称“公民媒体”或“个人媒体”，是以现代化、电子化的手段，向不特定的大多数或者特定的个人传递规范性及非规范性信息的私人化、平民化、普泛化的新媒体的总称。

（一）对微信的认知

微信Logo

微信是腾讯公司于2011年1月21日推出的一款通过网络快速发送语音短信、视频、图片和文字，支持多人群聊的手机聊天软件。用户可以通过微信与好友进行形式上更加丰富的类似于短信、彩信等方式的联系。微信已不单单是一个充满创新功能的手机应用，它已成为中国电子革命的代表，覆盖90%以上的智能手机，并成为人们生活中不可或缺的日常使用工具。

截至2017年6月，微信每月活跃用户已达到9亿人，用户覆盖200多个国家，使用超过20种语言。此外，各品牌的微信公众号总数已经超过800万个，移动应用对接数量超过85000个，微信支付活跃用户超过6亿人。

（二）微信的功能

微信支持发送语音、文字、图片，支持单人聊天、多人群聊，支持多种类型的手机之间相互收发消息等。微信的基本功能有五个，具体如下图所示。

微信的功能

1. 聊天

微信支持发送语音短信、视频、图片（包括表情）和文字，是一种聊天软件，支持多人群聊。

微信聊天界面

2. 添加好友

微信支持查找微信号添加好友、查看QQ好友添加好友、查看手机通讯录和分享微信号添加好友、摇一摇添加好友、扫描二维码添加好友和漂流瓶接受好友等方式。

通过微信号、QQ号、手机号等方式添加微信好友

3. 朋友圈

用户可以通过朋友圈发表文字、图片及视频，同时可通过其他软件将文章或者音乐分享到朋友圈。用户可以对好友新发的照片进行评论或赞，用户只能看到相同好友的评论或赞。

进入朋友圈

4. 微信支付

支持微信公众平台支付、App支付、二维码扫描支付、刷卡支付。

微信支付截图

5. 微信实验室

微信实验室这个功能的入口比较深，需要在设置里才能看见。

可以看到，目前可以启用的有看一看和搜一搜两个功能。在设置里分别启用后，回到发现，我们就可以看到新增了搜一搜和看一看两个入口，用起来更加方便。

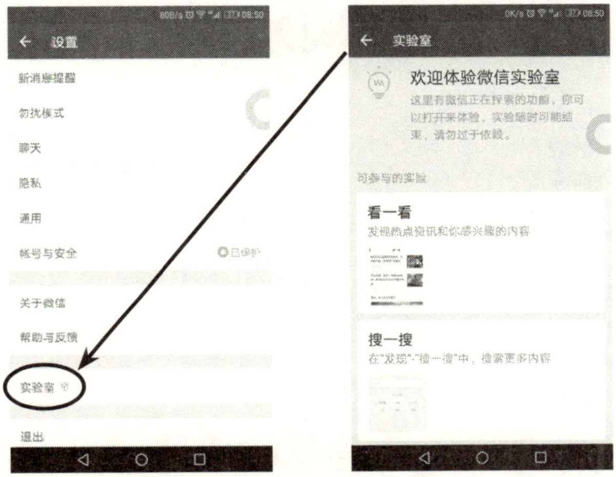

微信实验室

（1）搜一搜。

点击搜一搜，就能搜索朋友圈、文章、公众号、小说、音乐、表情。这个功能原本在搜索框里就能实现，在修正了分类之后，现在被放到了一个更加明显的位置。

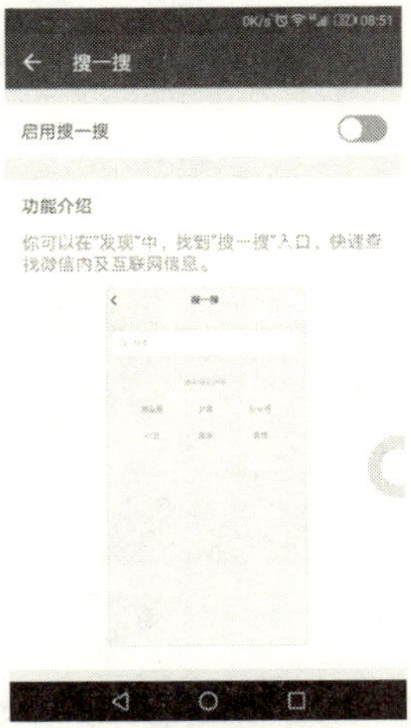

搜一搜功能

另外，微信打通了多个内容接口，通过搜一搜功能可以搜索到微信公众号、朋友圈的内容，也可以搜索到知乎的内容，不需要跳转到知乎的App。

搜索到知乎的内容

（2）看一看。

看一看是微信新开发的一个以社交关系，以及个人兴趣指标为基础的消息推送功能，它会根据用户的圈子和兴趣来推荐内容。

这个功能被正式启用后，在未来必定会占据用户更多的注意力。

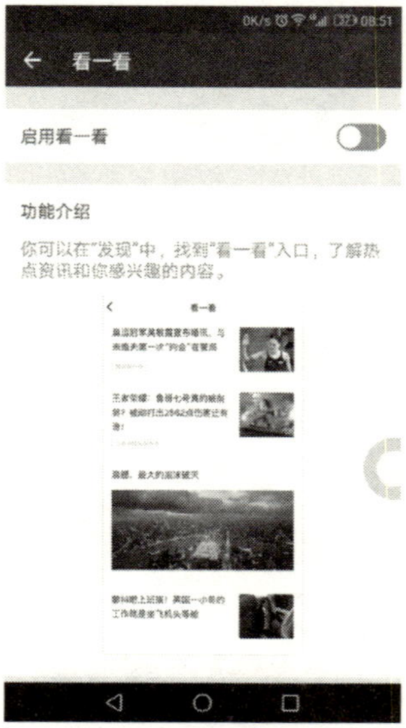

看一看功能

（三）微信推广模式

1. 草根广告式——附近的人

微信中基于LBS（基于位置的服务）的功能插件附近的人便可以使更多陌生人看到强制性广告，其作用如下图所示。

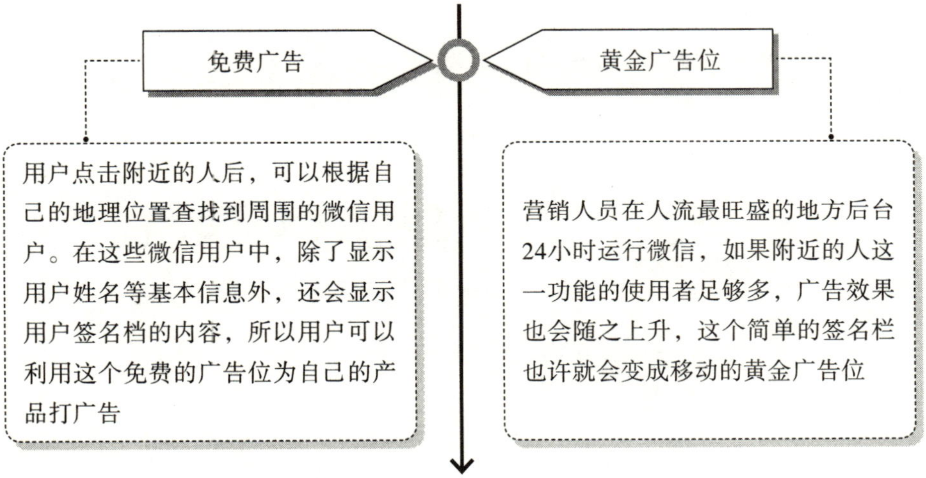

附近的人

附近的人功能

2. 社交分享式——朋友圈

朋友圈推广分为三种：私人推广、公众号推广和广告推广，具体如下图所示。

1　朋友圈私人推广即通过私人微信账号发布的朋友圈广告

朋友圈公众号推广即餐饮企业公众号发布的朋友圈广告　2

3　朋友圈广告推广即借助LBS向周边3～5公里人群发布的广告

朋友圈广告推广的三种类型

朋友圈的分享

3. O2O折扣式——扫一扫

二维码发展至今，其商业用途越来越多，所以微信也就顺应潮流，结合O2O展开商业活动。将二维码图案置于取景框内，然后客户就可以获得成员折扣、餐饮优惠或是一些新闻资讯。

扫一扫功能

4. 互动营销式——微信公众平台

微信公众平台又可称“公众号”，主要有实时交流、消息发送和素材管理的作用。用户可以对公众号的粉丝进行分组管理，和粉丝实时交流，同时也可以使用高级功能——编辑模式和开发模式对信息进行自动回复。

（1）作用。

公众号的作用如下图所示。

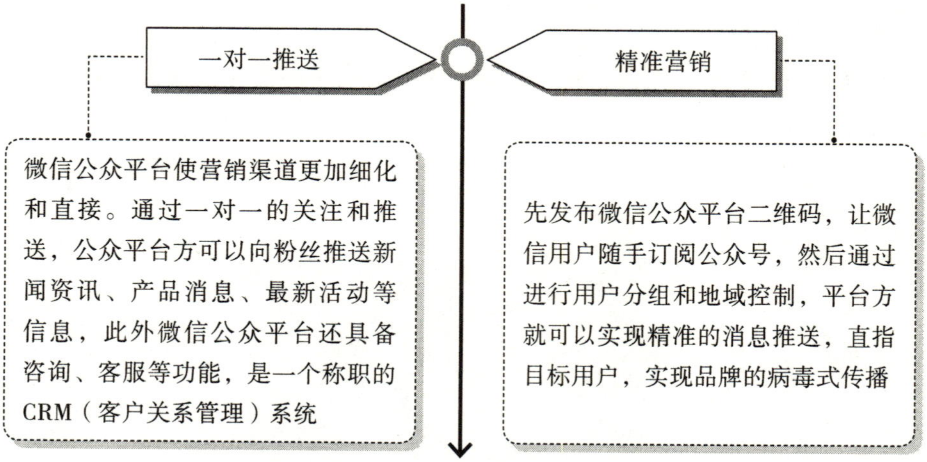

微信公众平台的作用

（2）几种不同的账号。

微信公众平台原有三种账号，2017年又新开发了小程序，如下图所示。

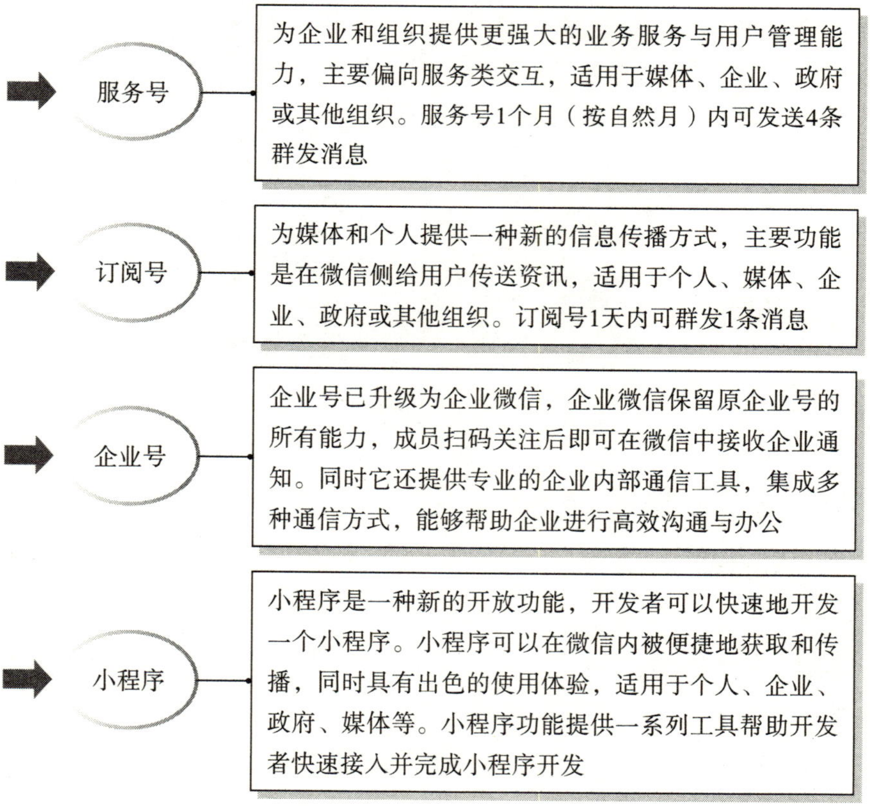

四种账号

小程序功能

拓展阅读

小程序诞生时间轴

1. 2016年1月9日，在微信团队的一次内部会议上，“应用号”这一设想首次被提出。

2. 2016年1月11日，在2016年微信公开课PRO版上，张小龙意外现身并发表演讲，表示微信的本意是做一个提供服务的平台，所以微信团队专门拆出了服务号，但服务号以提供服务为主，基于一个诉求，效果并不理想，他表示：“我们将开发一个新的形态，叫作应用号。”

3. 2016年9月22日凌晨，微信公众平台开始陆续对外发送小程序内测邀请。小程序即被外界广为关注的微信应用号。首批内测名额为200个左右。

4. 2016年9月22日凌晨，张小龙在朋友圈披露其对小程序的定义：小程序是一个不需要下载安装就可使用的应用，它实现了应用触手可及的梦想，用户扫一扫或者搜一下即可打开应用，也体现了用完即走的理念，用户不用关心是否安装太多应用的问题。应用将无处不在，随时可用，但又无须安装或卸载。

5. 2016年11月3日晚间，微信团队对外宣布，微信小程序开放公测，开发者可登录微信公众平台申请，开发完成后可以提交审核，公测期间暂不能发布。

6. 2016年12月28日，广州亚运城，在2017年微信公开课上，张小龙再次现身并发表演讲，解答了外界关于小程序的几大疑惑，包括没有商店、没有微信入口、无法推送消息等，张小龙同时透露，希望小程序“在2017年1月9号能被用户使用”。

7. 2016年12月30日，微信公众平台发布公告称，为便于商户进行线下推广，上线小程序二维码，最多可生成带参数的二维码10000个。

8. 2017年1月9日凌晨，微信小程序正式上线。

（3）订阅号、服务号、企业号的区别。

订阅号、服务号、企业号的区别如下表所示。

订阅号、服务号、企业号的区别

账号类型	订阅号	服务号	企业号
业务介绍	为媒体和个人提供一种新的信息传播方式，构建与读者之间的更好的沟通以及更完善的信息管理模式	给企业和组织提供更强大的服务与用户管理能力，为企业搭建全新的公众号服务平台	帮助企业和组织内部建立员工、上下游合作伙伴与企业管理系统的连接方式

续表

账号类型	订阅号		服务号		企业号	
适用人群	适用于个人和组织		不适用于个人		适用于企业、政府、事业单位或其他组织	
功能权限	普通订阅号	微信认证订阅号	普通服务号	微信认证服务号	普通企业号	微信认证企业号
消息直接显示在好友对话列表中			√	√	√	√
消息显示在订阅号文件夹中	√	√				
每天可以群发1条消息	√	√				
每天可以群发4条消息			√	√		
每个月可以群发4条消息					√	√
无限制群发						
保密消息禁止发送					√	√
关注时验证身份					√	√
基本消息接收和回复接口	√	√	√	√	√	√
聊天界面底部有自定义菜单	√	√	√	√	√	√
定制应用					√	√
高级接口		部分支持		√		部分支持
微信支付——商户功能		部分支持		√		√

（4）餐饮企业如何选择公众号类型。

餐饮企业选择公众号类型时要注意五点，如下图所示。

01 如果想简单地发送消息，达到宣传效果，可选择订阅号

02 如果想进行商品销售，可选择服务号

03 如果想用来管理内部企业员工、团队，可选择企业号

04 订阅号可申请进行微信认证资质审核，通过后有一次升级为服务号的机会，升级成功后类型不可再变

05 服务号不可变更为订阅号

公众号类型的选择要点

拓展阅读

微信公众平台新增定时群发功能

2017年6月29日凌晨，微信团队宣布："为了方便公众平台运营者更灵活地推送消息，公众平台新增定时群发功能，开放给所有公众平台使用。"

微信公众平台定时群发主要有以下步骤。

1．群发界面可以选择定时群发

在群发界面中选中素材后，选择定时群发。

群发界面

2. 设置群发时刻

用户可以设置在今、明两天内的任意时刻群发消息，成功设置将占用群发时刻当天的1条群发条数。定时消息不能修改，修改素材库中的消息也不会变动定时消息的内容。

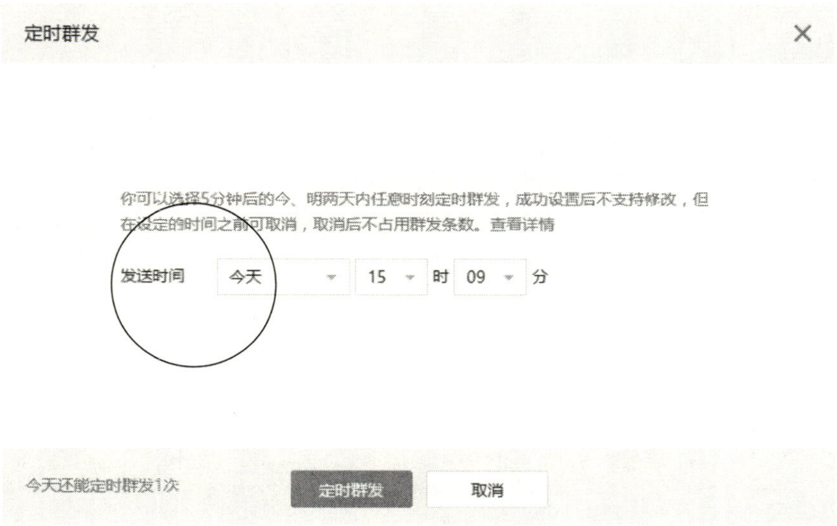

设置群发时刻

3. 定时成功的消息进入定时列表

定时成功的消息进入定时列表，在群发时刻到来之前，可以取消定时群发。取消后可以重新设置定时群发，也可选择直接群发。

定时消息列表

4. 群发时刻的发送状态变更

到了群发时刻，消息状态变更为“发送中”，群发操作开始执行。成功群发的消息进入已群发消息列表。

5. 微信开店——微信点餐

随着微信的广泛应用，微信点餐已渐渐代替了电话订餐，这其中蕴含了巨大商机，那么微信点餐如何开通呢？主要包含了三大步骤，如下图所示。

第一步　注册微信公众服务号

（1）注册一个微信公众号，打开微信公众平台首页，然后点击右上角的“注册”按钮，填写信息进行注册

（2）注册完成后，会要求你选择账号类型，在这里要注意，要选择的是服务号

第二步　点餐系统设置

（1）重新打开微信公众平台首页，登录注册好的微信公众服务号，进入后台设置，在左侧分类菜单中选择服务中心→商户功能

（2）打开商户功能后申请开启点餐系统，根据提示填写基本信息、资料等，然后提交审核

（3）全部内容填写成功并审核通过后，再次打开公众号后台，就可以轻松地发布菜品

第三步　微信支付商户通

（1）如果是在申请开通微信支付的过程中遇到了问题，可以通过咨询公众号“微信支付商户通”来解决

（2）打开微信，点击右上角的“+”，搜索“微信支付商户”并关注，打开后里面有针对开通微信支付遇到的各种问题的解决方法

开通微信点餐的步骤

（四）餐饮企业微信推广

餐饮企业该如何利用微信开展营销呢？在实际操作过程中又有哪些细节问题需要注意？

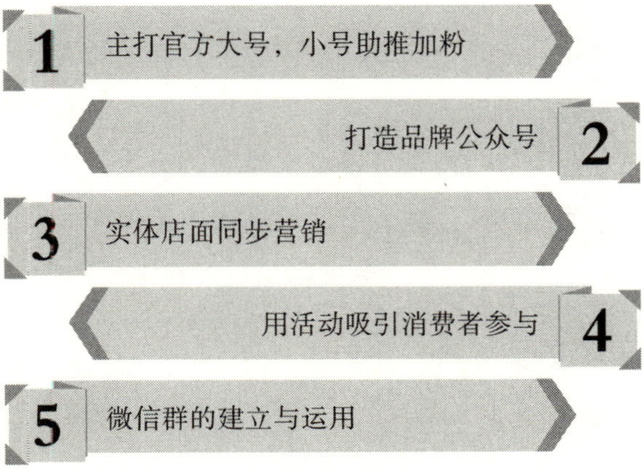

餐饮企业的微信推广方法

1. 主打官方大号，小号助推加粉

餐饮企业可采用注册公众号，在粉丝达到500人之后申请认证的方式进行营销，这样更有利于餐饮企业品牌的建设，也方便商家推送信息和解答消费者的疑问，更重要的是可以借此免费搭建一个订餐平台。

小号则是不需要认证的普通微信号，可以通过主动寻找附近的消费者来推送大号的引粉信息，以此将粉丝导入大号中统一管理。

2. 打造品牌公众号

申请了公众号之后，可以在设置页面对公众号的头像进行更换，建议更换为餐饮企业店铺的招牌或者Logo，大小以不变形可正常辨认为准。此外，微信用户信息填写餐饮企业的相关介绍，回复设置的添加分为被添加自动回复、用户消息回复、自定义回复三种，餐饮企业可以根据自身的需要进行添加。

3. 实体店面同步营销

餐饮企业的店面也是充分发挥微信营销优势的重要场地。在菜单的设计中添加二维码并采用会员制或者优惠的方式，鼓励到店消费的顾客使用手机扫描,采用这种方法不但可以为公众号增加精准的粉丝，而且也可积累一大批实际消费群体，对后期微信营销的顺利开展至关重要。店面能够使用到的宣传推广材料都可以附上二维码，当然也可以独立制作X展架、海报、DM宣传单等进行宣传。

4. 用活动吸引消费者参与

微信营销比较常用的就是以活动的方式吸引目标消费者参与，从而达到预期的推广目的。以签到打折活动为例，餐饮企业只需制作附有二维码和微信号的宣传海报和展架，配置专门的营销人员现场指导到店消费者使用手机扫描二维码。消费者扫描二维码并关注商家公众号后即可收到一条确认信息，在此之前商家需要提前设置好被添加自动回复。消费者凭借信息可在结账的时候享受优惠。

5. 微信群的建立与运用

（1）微信群的建立。

微信群的建立非常简单，具体如下。

第一步，发起群聊。

点击微信右上角的“+”，然后点击发起群聊。

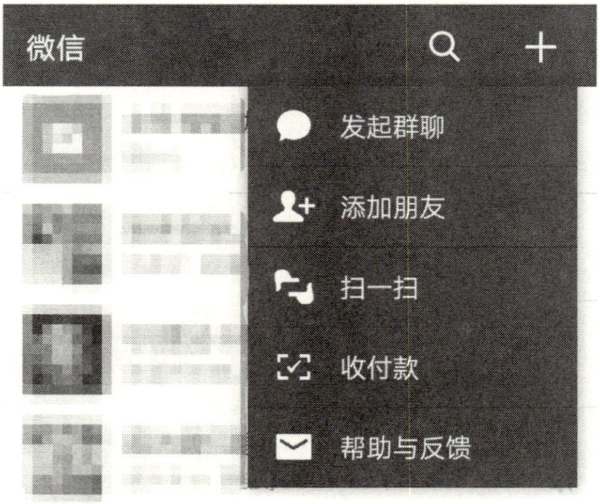

发起群聊

第二步，加好友。

勾选想要添加到群里的好友，点击确定，微信群就建好了。

第三步，管理微信群。

点击聊天界面右上角的人形图标进入群管理界面，如果选择“-”，然后点击成员头像左上角的“-”就可以删除群成员；点击“+”则可以添加群成员。

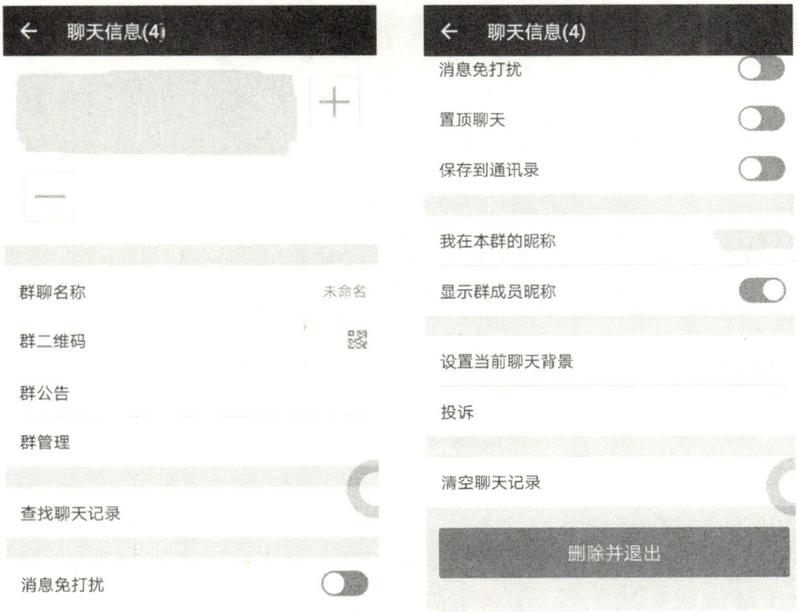

群管理界面

第四步，改微信群名称和退群。

点聊天界面右上角的按钮，然后选择群聊名称后，输入新的群名称，点击保存即可。点击页面最下面的删除并退出则可以退出微信群。

修改群名片

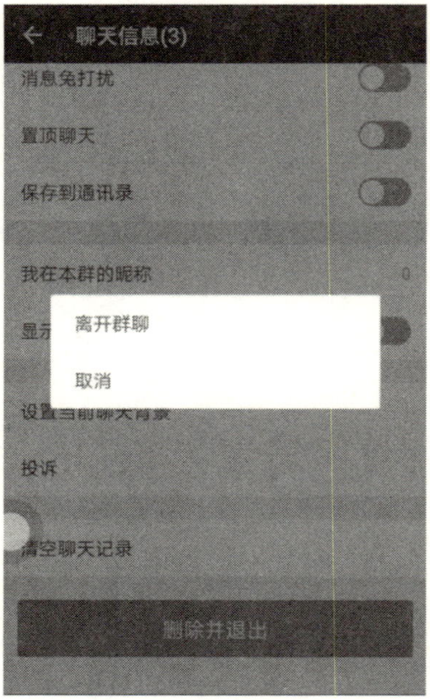

删除并退出群聊

（2）微信群的作用。

微信群主要有两大作用，如下图所示。

作用一

@特定的人

在群聊窗口，找到想@的好友头像，长按它，就可以看到在下方的内容输入框里已经快速地@到该好友了，后面再继续输入你想发的内容即可

作用二

查找聊天记录

如果记不清一些重要的聊天信息、图片、文件等，可以进入群聊界面，点击右上角的群资料按钮，再点击查找聊天记录，输入聊天中你记得的其中几个字，就会找到相关记录

微信群的作用

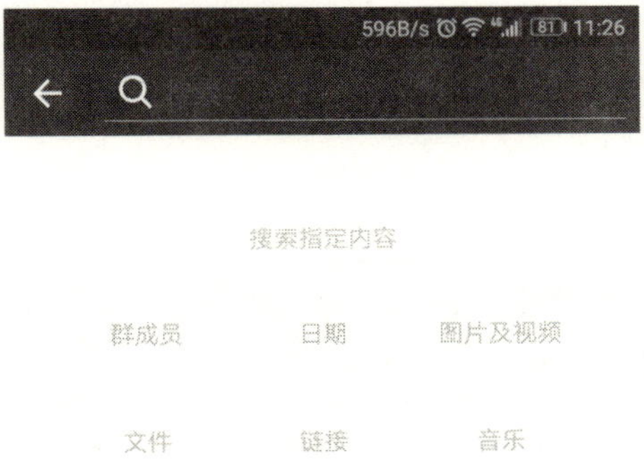

查找聊天记录

（五）餐饮微信推广要点

餐饮企业的微信营销主要有以下几个要点。

1. 精准定位

通过微信精准定位目标客户群，掌握他们的需求，熟悉他们的口味，具体如下图所示。

内容一：在公众平台正式上线之前，就必须对目标客户群进行精准定位。餐饮企业必须想好，将来的关注者是学生、教师、白领还是宅男，如果不想在后期迷失方向，就必须预先进行清晰定位

内容二：根据目标客户群的需求，确定核心主题（内容）。这时必须知道，目标客户群喜欢什么，对哪些方面感兴趣，才能开展下一步工作。比如，目标客户群是家庭主妇，那么可以选择烹饪、育儿方面的主题

内容三：确定了上面两点内容，再围绕核心主题去写一些有深度或者说有意义、可读性比较强的文章，进行推送

精准定位的内容

2. 内容原创

推送内容是非常重要的，保证内容原创、不抄袭也是微信营销的要点，坚持内容原创的重要性有三个方面，具体如下图所示。

第一方面：抄袭别人的内容，而且连作者署名和内容出处也不标示的，是最不好的

第二方面：只有原创的内容才有可能更长久地留住读者。假如，读者打开你的微信公众平台订阅号，你一周发的5篇文章全部是读者早已阅读过的，就会给读者留下不好的印象

第三方面：自己原创的文章更加生动，有血有肉，能让人觉得真切。哪怕文笔不好，只要内容丰富、实际，还是会取得比抄袭好很多倍的效果

内容原创的重要性

3. 控制推送频率

餐饮企业的微信应严格把控推送频率，文章数量不宜多也不宜少，更要把控好推送时间，具体要点如下图所示。

推送频率控制要点

- 从公众号推出开始，餐饮企业就应明确告诉大家，你是多长时间推送一次，在什么时间段内推送
- 假如粉丝习惯每天中午12～14点阅读订阅号内容，恰好之前餐厅每天都是12点左右推送，要是突然变成20点或上午10点推送，那么长此以往，该粉丝必然会成为死粉
- 运营公众号要有规律。就像是每天7点有《早间新闻》、12点有《午间新闻》一样
- 千万不要因为某天突然有事耽搁，就不推送文章了。第二天要发的文章，最好在前一天准备好，第二天准时推送

推送频率控制要点

4. 平台功能实用

在平台功能方面，一定要以方便顾客为准则，不能华而不实，具体要点如下图所示。

要点一

可以有一些第三方功能的接入，比如，可以有一些具有针对性和时效性的互动游戏，或者营销的功能等

要点二

营销增粉功能不能大于3个，太多是没有意义的

要点三

简单、实用才是硬道理，华而不实的东西，生命力必然不强

平台功能

5. 一对一互动

餐饮企业应该增加公众平台的一对一互动，提高解答问题的效率，有两个注意事项，如下图所示。

注意事项

不要设置聊天机器人。现在，凡是接入第三方功能平台的公众号，都可以设置自动关键词回复，默认回复，还有不少的平台设置了机器人聊天。机器人回答问题的特点是快，但有些问题回答得莫名其妙，这很容易失去粉丝

对于粉丝的不满，要耐心倾听，先反省自己，有一句话叫“有则改之，无则加勉”，有了别人的意见与指责，餐饮企业才能进步

一对一互动注意事项

6. 产品定位准确

产品定位是使该产品在消费者心中树立一个具体形象的过程，这个过程是至关重要的。餐饮企业进行产品定位有两个要点，具体如下图所示。

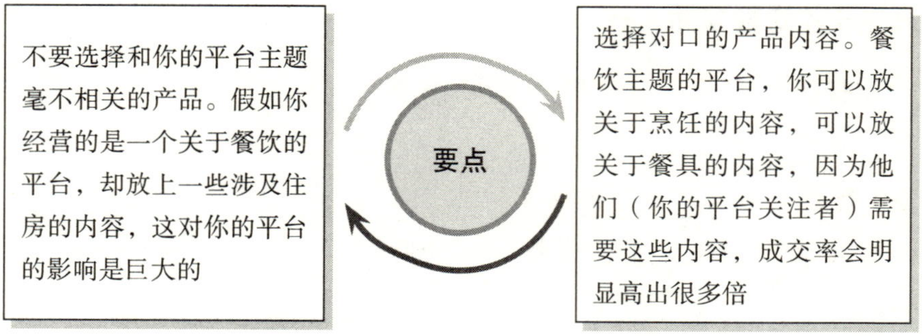

产品定位要点

7. 诚实守信

不管在什么行业，诚实守信都是最重要的，不玩弄、欺骗、诱导顾客，用真诚打动顾客，才能细水长流。诚实守信有两个要点，如下图所示。

诚实守信要点

8. 坚持学习

不断地学习，才能使自己更快地成长，必须走出去，不能闭门造车，眼睛要往前看，看不清楚的时候，站高一点再看，永远记住：不停学习，每天进步一点点，厚积薄发才能走得长远。

（六）微信自媒体推广

1. 何谓自媒体

自媒体又称“公民媒体”或“个人媒体”，是以现代化、电子化的手段，向不特定的大多数或者特定的个人传递规范性及非规范性信息的私人化、平民化、普泛化的新媒体的总称。自媒体平台包括博客、微博、微信、百度官方贴吧、论坛等。

2. 自媒体的特点

自媒体主要有六个特点，具体如下图所示。

特点一　平民化、个性化

自媒体使群众从旁观者转变成为当事人，自媒体变成了个人的传播载体。每个群众都可以利用互联网来表达自己想要表达的观点，传递自己生活中的阴晴圆缺，构建自己的社交网络

特点二　低门槛、易操作

在微博等可以创建自媒体的网站上，用户只需要通过简单的注册申请，根据服务商提供的网络空间和可选的模板，就可以利用版面管理工具，在网络上发布文字、音乐、图片、视频等信息，创建属于自己的媒体

特点三　交互强、传播快

没有空间和时间的限制，得益于数字科技的发展，任何时间、任何地点，我们都可以经营自媒体，信息能够迅速地进行传播，时效性大大地增强了

特点四　良莠不齐

个人有千姿百态，代表着个人的自媒体也良莠不齐。人们可以自主创建媒体，当媒体的主人，发布的信息也完全能够按照自己的意愿编辑。优秀的自媒体可以让受众得到生活的启发或者有助于受众获得事业的成功，让他们发现生活的意义与价值

特点五

可信度低

网络自媒体的数量庞大，网络的隐匿性给了网民“随心所欲”的空间。有的自媒体过分追求新闻发布速度或者说为了追求点击率而忽略了新闻的真实性，这使得自媒体所传播的信息的可信度较低

特点六

相关法律不规范

虽然我国已经出台很多法律法规来监管网上活动，但是还只是停留在对网站的管理上，显得不够全面。如何在法律上对自媒体进行规范与引导，迫切需要全社会来共谋良策

自媒体的特点

互联网+餐饮店采购

第四章　餐饮采购新模式

章前指引

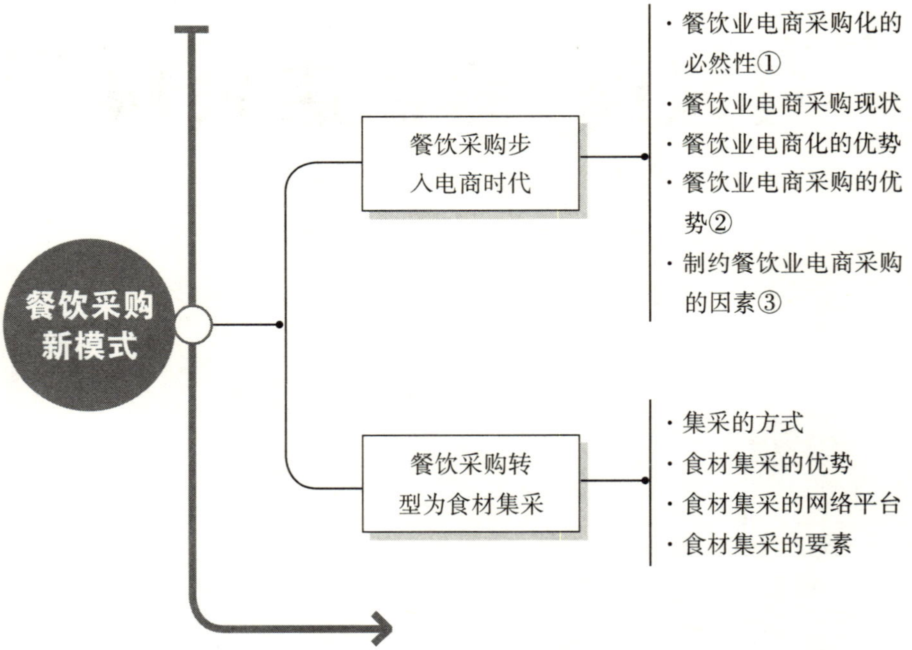

图示说明：

① 随着网络发展，餐饮企业也可通过网络找到合适的供应商，降低采购成本，提高竞争力。

② 餐饮电商采购主要有价格透明、效率高、竞争性强、节约成本的优势。

③ 制约餐饮电商采购主要有六个因素：进入的门槛过低，缺乏规模采购特性，产品与服务差别化程度高，运输、储存管理成本高，行业对采购商品有较高的品质要求及结算方式的差异。

（一）餐饮采购步入电商时代

在电子商务几乎渗透到全球每个角落的今天，中国的餐饮企业如何通过电子采购寻找到理想的供应商，获得安全（质量）、安心（交货及时）的原料供应，并有效地降低企业的原料采购成本，提高竞争力，已成为餐饮企业经营者们急欲解决的问题。

1. 餐饮业电商采购化的必然性

餐饮企业一改实地采购的原始模式，拿起手机下单，原料采购就全部完成。改变原有的供应链现状和采购习惯，对传统餐饮企业来说，是颠覆性的变革。而带来这场变革的原因有下图所示的三点。

原因一：餐饮企业的电商采购化多集中在后端的网上订餐配送等，鲜有前端服务，在原材料采购上电商采购化程度很低，革新空间巨大

原因二：按照传统采购方式，餐馆处于供应链的终端，需要为各个环节的加价买单，还得雇人、买车来进行采购，对“吃回扣”防不胜防

原因三：餐饮企业人员受限于自身的能力和精力，无法保证挑选的原材料一定质量合格，为食品安全埋下隐患，如若有专人代劳，就会把这个短板补上，力保食品安全

餐饮业电商采购化的必然性

2. 餐饮业电商采购现状

中国餐饮业一年2万多亿元营业额中，约有30%用于采购。对于如此巨大的餐饮采购市场，传统的人情化、小范围采购模式，已经很难满足餐饮企业对质量好、价格低的追求。餐饮采购的电子化时代已经来临。

在日本，餐饮企业的采购98%是通过电子平台实现的；在欧洲国家，餐饮企业的大宗采购100%是通过电子平台完成的。目前，中国餐饮企业的电商采购尚不普遍，但这一定是未来的发展趋势。

3. 餐饮业电商化的优势

餐饮业给人的印象是一个较古老的行业，而电子商务则是新兴发展的一项科技含量高的技术。但是如果研究餐饮业的特点，我们可以发现，这一传统行业具有适合运用电子商务技术的特点，具体如下图所示。

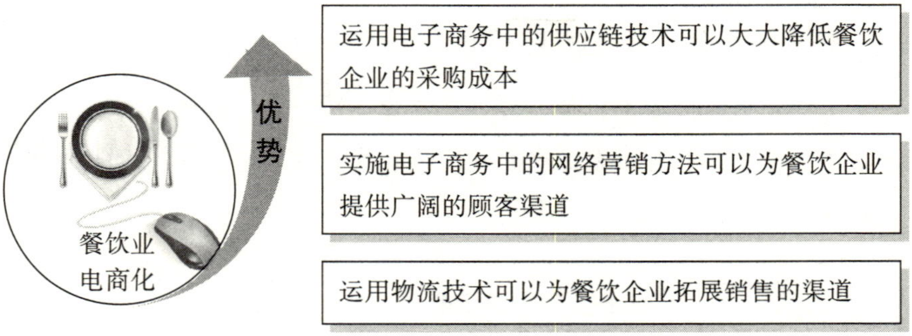

餐饮业电商化的优势

4. 餐饮业电商采购的优势

电商采购既是电子商务的重要形式，也是采购发展的必然趋势。目前，电商采购越来越受到国际和国内的关注，也在我国得到重视和大力推广。相对于传统采购，电商采购作为一种先进的采购方式，其优势主要体现在下图所示的几个方面。

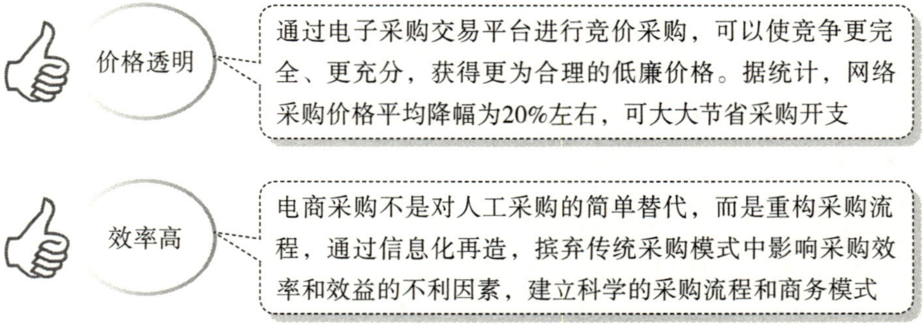

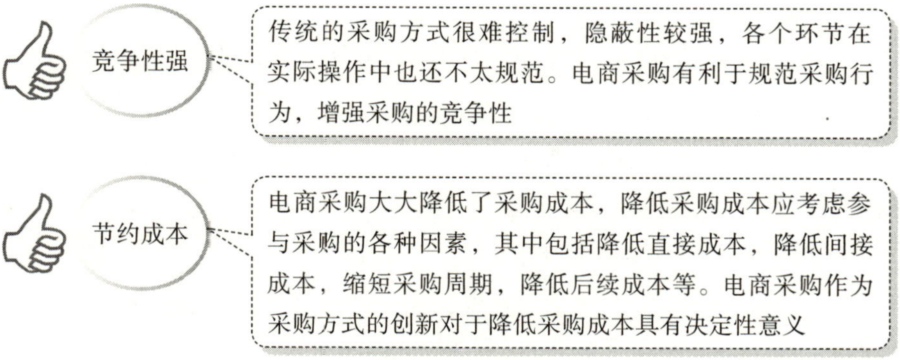

电商采购的优势

5. 制约餐饮业电商采购的因素

我国餐饮业的分散性决定了其具有下图所示的特点，从而影响并制约着电商采购在该行业的发展。

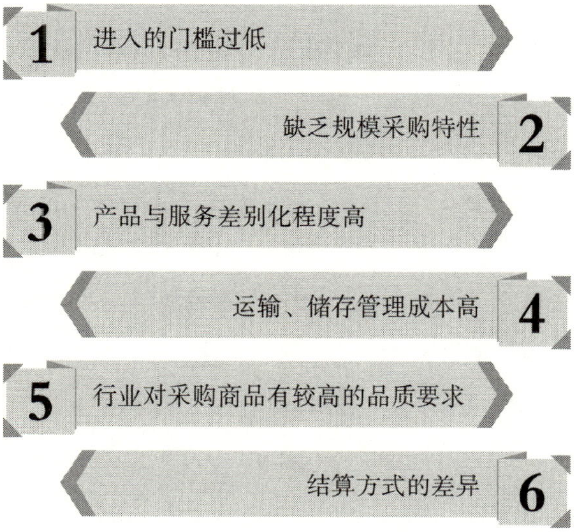

餐饮行业的特点

（1）进入的门槛过低。

我国餐饮业的资金和技术门槛都比较低，使得企业进行较少的投资就可以加入这个行业，这也是中小企业成为主导力量的主要原因。同时由于进入门槛低，流动性大，管理人员良莠不齐，整体综合素质相对不高，多数企业采用传统采购及经营手段，使得新的管理方式和行业要求难以贯彻执行。

（2）缺乏规模采购特性。

传统的中式餐饮企业很难将大批原材料一次加工为半成品，并储备起来分散使用。现在只有少数保鲜包装的菌类和腌菜、干菜类原料可以进行大批量采购，肉类、蔬菜等基本都以一两个营业日内的消耗量为基本采购规模，除去原材料保鲜的问题，还有店面仓储的费用需要考虑到。

（3）产品与服务差别化程度高。

各餐饮企业面对的消费者需求千差万别，难以通过实现无差别经营来获利，这使得通过大规模生产降低单位成本的愿望变得渺茫。

（4）运输、储存管理成本高。

原材料多为生鲜食品，运输过程对环境要求较高，远距离订货会导致费用上升，且不易鉴定与控制品质。成品多为热加工后立即进食为好，所以成品从完成到送达消费者手中的这段运送时间要求十分短暂，且为了保持色香味形的完好程度，对运输设备和承载容器也有较高要求。

（5）行业对采购商品有较高的品质要求。

电商采购不能直接依靠感官检验商品，加上供应商的职业操守和信誉程度不为采购者认同的话，就很难顺利交易。食品材料的特点在某种程度上影响和制约着电商采购的发展。

（6）结算方式的差异。

由于餐饮业大量营业收入为现金形式，原料采购也多为本地市场交易，因此采购的结算也多以现金现货的方式进行，部分为月结形式，所以网络结算对于这个行业来说，吸引力并不大。

拓展阅读

连锁餐饮企业应利用互联网优化供应链

餐饮企业供应链管理的四种类型

连锁餐饮企业当下的供应链管理可分为甩手掌柜型供应链管理、统一采购型供应链管理、集采分送型供应链管理及标准型供应链管理四种类型。

第一种：甩手掌柜型供应链管理

这是最传统的方式。每一个门店单独向自己的不同的供应商下订单，不同的供应商分派不同的车辆向各自的订单门店进行配送。

对于餐饮企业来说，这一种模式的优点在于总部的管理比较简单，管理成本低。缺点却非常大，包括供应商服务质量低、资源浪费多、无法统一品控、隐性成本更大等。为什么呢？因为每个门店的收货和验货标准是不一样的，而且每一个供应商都需要派车为门店送货，送货的分散性会导致物流成本在菜品成本里占到10%以上。这是一种比较粗犷的采购模式。

第二种：统一采购型供应链管理

这是目前比较优秀的连锁餐饮企业常用的方式。每个门店下单给企业总部的配送中心，配送中心把信息汇总好之后传递给供应商，供应商再把菜品配送到企业总部的配送中心，配送中心自己安排车辆配送到自己的门店里。运用这种集中配送的方法配送的成本可以大大降低。货品是由总部统一管理和分配的，门店的需求全部汇总到总部统一计划，门店的采购计划很有效且价格是统一的，总部验收过品质也有保障。

这种模式的缺点在于采购环节很长，采购环节长会造成很大的损耗。为什么呢？因为门店下单给总部的配送中心，配送中心下单给供应商，供应商备好货以后做踩站分解然后再送到总部，总部可能还要做一次分解。例如，三个门店就需要分成三份，每一个门店的需求可能都不一样，并且所有的生鲜食材不管是鲜活食材还是冻品每一次分解都会损耗，环节越长损耗越大。

这种方式管理成本也很高，因为配送中心需要有仓库且需要有一群人做验收和管理仓库，还需要有专门的配送司机和车辆做配送。加上房租、人员、车辆、损耗成本，其费用我们粗略计算一下就知道会有多高。

第三种：集采分送型供应链管理

所有的采购集中到总部的配送中心，配送中心再报给不同的供应商，供应商不需要把货送到总部而可以直接配送到门店里，这样餐厅既可以做到订单统一管理，也能做到有效控制成本。

这是更高一级的方式，跟第二种比较，企业自己不需要配送。

这样做的缺点仍然是生产、管理、配送成本会很高。

第四种：标准型供应链管理

标准型供应链管理是中国连锁餐饮企业的最高级模式，每个门店下单给总部的配送中心，配送中心往往和中央厨房在一起。门店下单给配送中心的时候，下单的产品是标准化的半成品。配送中心把任务提交给中央厨房后，就会去做计算和分件。供应商把原材料送过来之后，中央厨房把原材料做成半成品，再通过自己的物流车队送到不同的门店去。

这种模式的优点在于它把品质标准化了，每个门店也没损耗了，因为门店用的都是标准化的产品，库存也是可控的。缺点是它的生产成本非常高，管理成本和配送成本比其他几种模式更高，特别是中央厨房的生产和管理成本更是让人难以承受。

从中国大型连锁餐饮企业的做法中可以看到几个现象，如有些企业建了中央厨房，旗下的网站专门将半成品卖给餐厅、消费者，目的都是把品牌的中央厨房供应链系统边际成本优化后进行分配。还有些企业的供应链不仅在为一个企业服务而且还在为其他企业服务，这说明这些企业的供应链和中央厨房的产能存在过剩现象。我们知道，几乎所有的中央厨房都会为了防止在未来的品牌扩张中出现产能不足，而使中央厨房的规模产能远超当下的产能。这种剩余的资源，其实也就是成本的消耗。这就像京东的物流最开始只为京东的电商服务，后来扩充为为所有的电商企业服务才能把京东物流的成本降低。在欧美国家和日本，很少有连锁餐饮企业会自建中央厨房，包括在中国的肯德基和麦当劳，中央厨房都是第三方企业的，它们只需要管理好生产标准和工艺要求。中国的连锁餐饮企业自建中央厨房的成本往往特别高，这所谓的最高级模式，大概也是最沉重的一种模式。

互联网带来的供应链优化

那么，有没有一种比较完美的采购方法，成本是可控的、损耗是可降低的、配送的品质也非常好呢？为什么餐饮供应链环节这么多呢？因为缺乏冷链物流。这也是餐饮企业实现标准化的天然屏障，批量化和批次化生产能保障货源的稳定，冷链物流发达能减少流通环节。越来越多的企业尝试进行餐饮供应链革新，通过优化供应链管理降低成本，提高效率。

比如，××企业提供了标准的冷链物流服务，有自己的仓库和配送团队。将供应商集中至统一平台并帮它们进行配送，这样商家的采购成本会大大降低，并可以联合中央工厂帮助餐厅把生产成本、厨师用工成本降低。通过餐饮供应链管理系统管理销售并与渠道客户协作，让客户可在线订购、接收客户的网上订单、获取渠道实时销售库存，将需求链、供应链与企业内部管理完整对接起来。这套餐饮供应链管理系统基于协同供应链管理的思想，配合供应链中各餐饮企业的业务需求，使操作流程和信息系统紧密配合，做到各环节无缝链接，形成物流、信息流、商流和资金流四流合一的领先模式，实现整体供应链可视化，管理信息化，整体利益最大化，管理成本最小化，从而提高总体水平。在进行企业内部业务流程管理的同时，又兼顾企业外部信息资源的全面整合，实现产品的全生命周期管理，从根本上降低产品成本，在提升企业的核心竞争力的同时，也提升整条供应链的价值和效益。

未来，餐饮企业的生产链和供应链会变为一体，从上游的种植到下游的出品全环节都可进行信息化追溯，农场、工厂、仓库、冷链物流、餐饮企业都在一个信息化系统里相互连接和沟通。这样的供应链系统是一个食品安全的溯源系统，能追溯到每一个环节和源头，安全追溯则意味着风险的分解和分配。餐饮企业通过供应链系统信息化会产生第三方冷链物流服务、金融服务，当有数据积累以后，中间环节也可以大量缩减。这种方式把供应商和餐饮企业从博弈关系变成合作伙伴，未来它们可以在同一个信息化管理系统里寻找更好的成长之道。

（二）餐饮采购转型为食材集采

集采就是集体购买相同品牌或者是去同一个地方选购，别名也叫作“团购”。

1. 集采的方式

集采的方式主要有下图所示的两种。

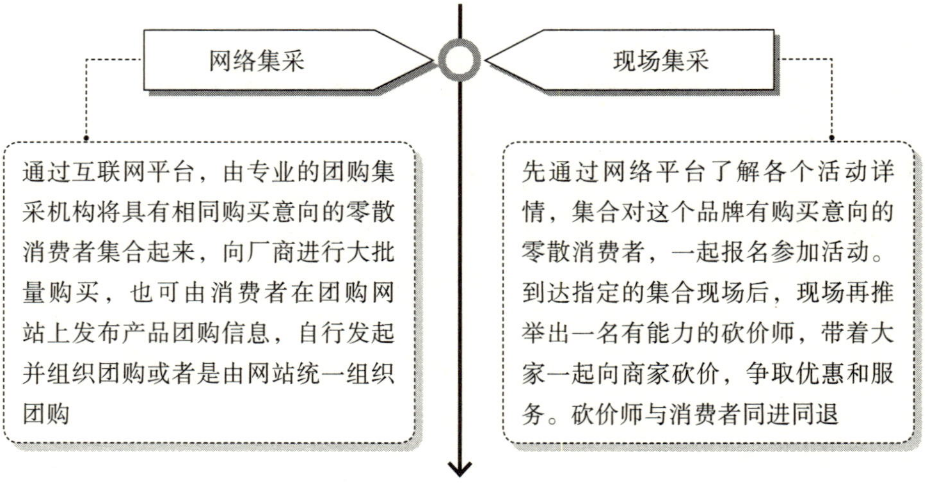

集采的方式

2. 食材集采的优势

消费者选择食材集采具有下图所示的优势。

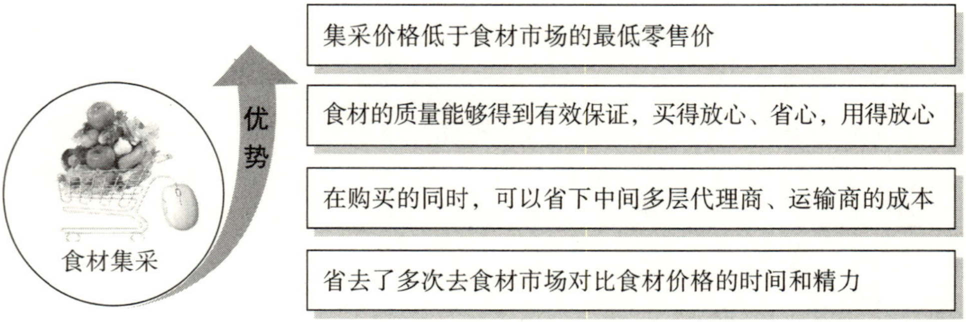

食材集采的优势

3. 食材集采的网络平台

怎样才能选到最优的食材集采平台呢？虽说使用网络可以省去跑食材市场的时间，但是在网络中筛选靠谱的食材供应商也是让众多餐饮企业经营者感到头疼的事。餐饮企业经营者可以通过下图所示的渠道进行食材集采。

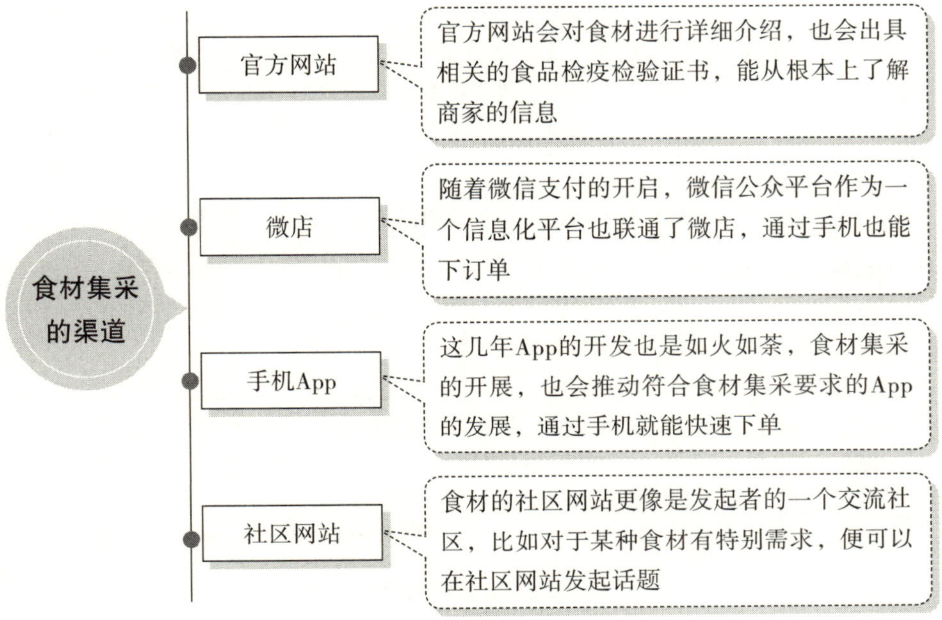

食材集采的渠道

4. 食材集采的要素

食材集采总是有不同的活动发起人，活动发起人也相当于这样一个活动的组织者。发起人不仅仅是要负责发起活动，确定参与集采的人数、集采的种类数量、收货时间，有些还要提供场地集中收货、称量与分货。发起人额外付出的时间跟精力，也会带来一定的收益。

不管是活动发起人还是参与者，看中食材集采的要素有哪些呢？具体如下图所示。

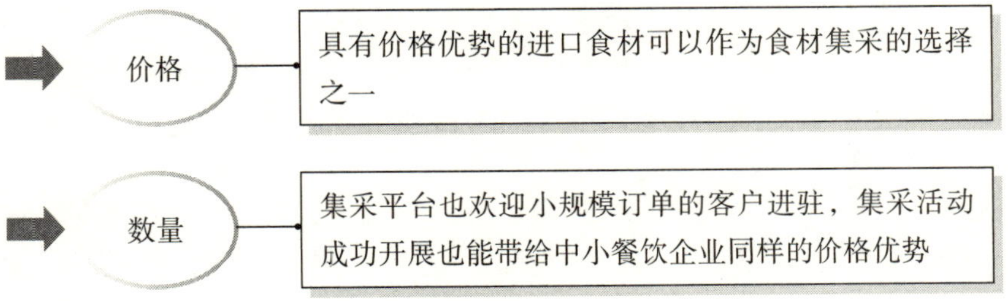

- **质量**：质量比价格更加重要，好的食材质量才能保证菜品更加鲜美，好吃的菜品才能吸引更多的顾客。集采参与者应当多关注订购食材的生产地情况，了解是否在加工过程中有一定的微生物检测，是否符合国际的检疫检验或者国内进口检疫标准
- **运输**：集采也是一种直销的方式，订单配送模式是：生产地→冷链运输至仓库→集采发起者提供的场地，如果超出了这些环节，不仅仅是运输成本会增加，也可能会影响食材的口感
- **验收**：具体的计量派发方式以集采协议中的为主，集采参与者在协定时间里去集采发起者所在地分装食材，发现问题也应及时联系集采平台

食材集采的要素

经典案例

餐饮企业的供应链管理模式

海底捞火锅、西贝餐饮（北京西贝餐饮管理有限公司的简称）、真功夫、麦肯都开始向供应链端延伸。

餐饮企业的供应链管理模式

目前国内餐饮企业的供应链管理模式大致可分为以下几种。

1. 中央总控管理

在中央厨房中粗加工之后再发到门店。这对单一品类的企业比如甜品店之类的企业来说很合适，但对多品类的企业来说就不合适。很多中餐也在做中央厨房的尝试，通过这2年的实践，证明了中央厨房只适合部分餐饮模式。

2. 单店管理模式

各自为政。多数中小型餐饮企业没有固定的采购人员，食材多是由单店经理或厨师长操办，容易造成他们权力太大；单店采购还会造成食材需求种类多、数量少，采购时间与选择空间都很有限，品控不好管理。

3. 集团酒店37模式

70%有指定供应商，30%自行采购。每个地方经营模式不同，会有瓶颈期；送货时间、路程有制约，无法做到突然供货；此外，低温冷链配送也是问题。

4. 第三方专业服务模式

这应该是未来最主流的模式。比如海底捞旗下的蜀海集团就通过向餐饮客户提供食品供应解决方案，全程辅以全面且透明的质量监控体系保障产品质量。在规模化经营要求的推进下，借助专业化管理进行经营将成为趋势。

那么，餐饮企业为何要建立供应链？

1. 强大的供应链可以保证话语权

当你的品牌规模较小时，或许一张销存表就能满足平日的进货要求。但是当你的品牌足够大时，决胜的关键或许就在于供应链。

大龙燚火锅创始人柳鸷说："你知道做火锅，不能强调供应链的结果。拿花椒来说，供应商卖给你花椒之前过一遍油，称重的时候就多收你钱。""结果你拿到的是坏花椒，还多给了别人钱。"

如果把餐饮企业攻占消费者比作战争，那么军队的补给就是餐饮企业的供应链。所以西贝餐饮实施天然食材战略，而新辣道火锅的食材都来自集团自建的大型养殖基地。

2. 后端决定前端

很多大型餐企都在搞附属品牌，比如外婆家旗下就有十多个子品牌。

为什么这些大品牌能这么玩？因为它们后端足够强大，而后端之一就是供应链。

西贝餐饮做中餐需要用到土豆，如果它的供应链足够强大，转头做火锅或者快餐同样没问题。因为土豆还是那个土豆，只是前端的操作不一样而已。

在西贝餐饮的创始人贾国龙看来：餐饮最终竞争的就是供应链，这也是西贝餐饮布局供应链端的主要原因，西贝餐饮也将以供应链为基础，开启新品牌西贝燕麦面的加盟，作为西贝餐饮的快餐赛道用以开拓市场。

孵化加盟新品牌，带动企业供应链建设，已成为不少“觊觎”供应链生意的餐饮企业的选择。

强大的供应链，是发展多品牌的前提。

3. 保证出品质量

一家来自呼伦贝尔的火锅店阿荣小镇在人民大会堂举办了品牌推介会，高调宣布进驻北京市场。

不仅如此，阿荣小镇还把进京的首家门店选在了望京国际商业中心C座4层，就在海底捞的隔壁。

阿荣小镇自营呼伦贝尔碱草地牧场，在差异化食材的出品上，下足了功夫。阿荣小镇使用碱草作为食材，据顾客说，“只要用清水涮一下，吃起来味道就很好”。

可见，阿荣小镇的核心竞争力就是那一片牧场，和牧场上的羊。

一条强大的供应链本身就能够成为核心竞争力。

阿荣小镇的强大，在于它能保证食材的稳定。不管顾客什么时候来，选用的食材都是经得住考验的。

4. 压低成本

一把骨的创始人佘仕祥说：“模式都可以模仿，但是你模仿不了我的供应链。”

“我们与供货商直接预定骨棒，我每次都是大批量地买所以能压低价格。别的品牌没这个规模，进货单价就比我们高得多，成本自然就上去了。”

一条优质的供应链，能够帮餐厅压低成本，从而在与其他对手竞争时，在单价上打压对手。

5. 构建竞争壁垒

优秀的供应链体系，本身就能提升餐厅所在品类的准入成本。譬如阿荣小镇进京，提升了“内蒙古涮羊肉”这一品类的准入成本。顾客受到了教育，知道哪种涮羊肉好吃，对于后来的竞争者来说，无疑要花费更多的时间和金钱去攀爬阿荣小镇建立好的竞争高地。

同样，西贝餐饮也提升了“西北菜”这一品类的准入成本。同个品类的餐饮品牌想要跟西贝餐饮竞争，就需要从头花时间把西贝餐饮走过的路走一遍。

供应链已经成为这些餐饮企业的壁垒，即便你知道它们的所有商业模式，但依旧没办法与其竞争。

第五章 餐饮B2B采购

章前指引

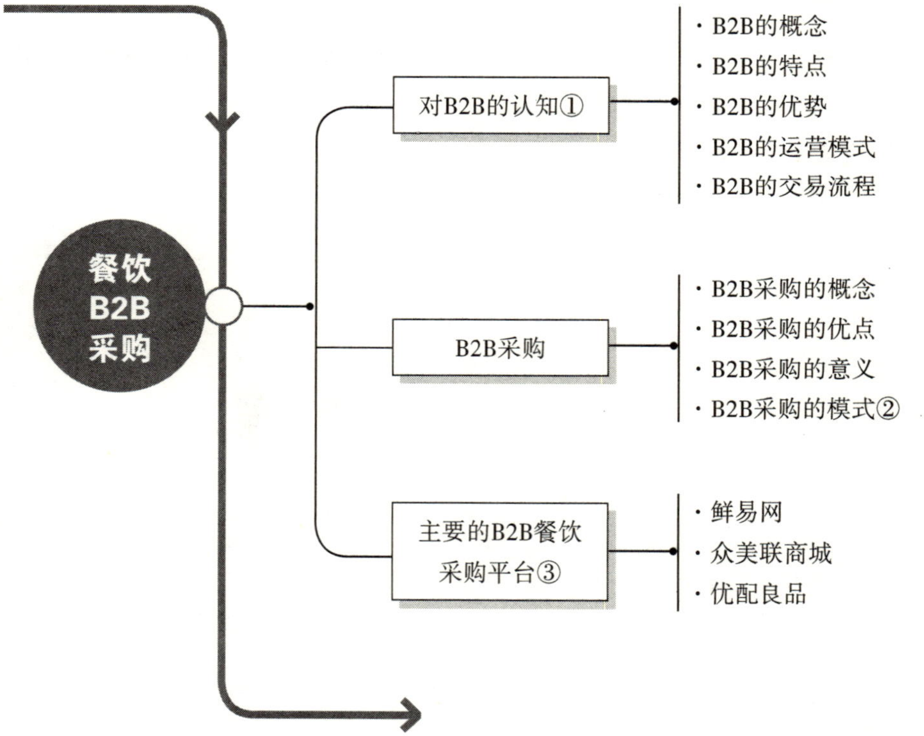

图示说明：

①餐饮企业经营者应足够了解B2B的相关知识，才能在实际操作时游刃有余。

②餐饮B2B采购主要有买方模式、卖方模式和第三方平台模式。

③餐饮企业经营者适当了解B2B餐饮采购平台，有助于B2B采购的顺利进行。

（一）对B2B的认知

中小餐厅一般都是餐厅老板亲自采购，采购频次高且花费时间，这一直都是中小餐厅的痛点所在。食材B2B采购平台的出现，正是针对这些采购痛点，目的是降低采购过程中的资金成本及时间成本。同时，食材B2B采购平台也能够为餐厅后期做账等工作提供便利。

1. B2B的概念

B2B，即商家（泛指企业）对商家的电子商务，是指进行电子商务交易的供需双方都是商家（或企业、公司），它们使用了Internet的技术或各种商务网络平台，完成商务交易的过程。这些过程包括下图所示的内容。

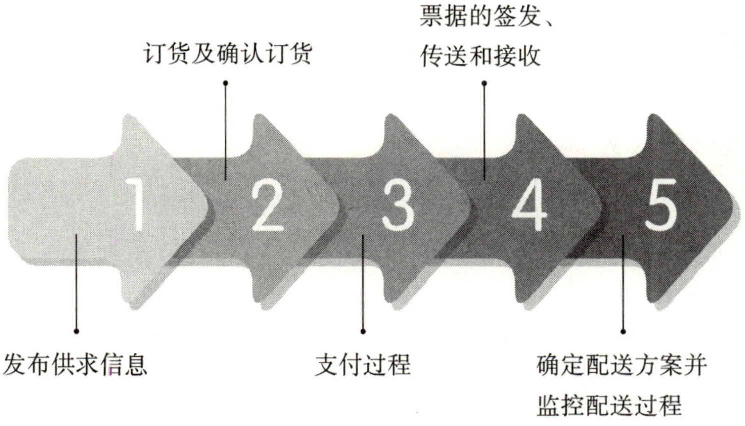

B2B交易的过程

2. B2B的特点

B2B是电子商务交易的主要形式之一，其交易量占电子商务总交易量的80%。B2B模式的主要特点如下图所示。

特点一　交易对象相对固定

普通消费者发生的交易行为比较随意，而企业交易的对象一般比较固定，这种固定体现了企业的专一性，也体现了企业之间的交易要求内在的稳定性

特点二　交易过程复杂和规范

企业之间的交易一般涉及的金额较大，不容有闪失，在交易过程中需要多方的参与和认证，过程十分复杂、严格和规范，同时注重法律有效性

特点三　交易商品范围广泛

企业交易的商品可以是任何一种产品，可以是原材料，也可以是半成品或产成品，交易商品范围广泛

B2B的特点

3. B2B的优势

电子商务将传统的商务流程电子化、数字化，大量减少了人力、物力，降低了采购和库存成本。同时打破了时空的限制，使交易活动更加方便快捷，大大提高了效率，此外也节省了资金周转的时间，并扩了大市场机会。B2B模式的优势如下图所示。

降低采购成本　企业通过与供应商建立企业间电子商务系统，实现网上自动采购、批量采购，可以减少双方为进行交易投入的人力、物力和财力

降低库存成本　企业通过与上游的供应商和下游的顾客建立企业间电子商务系统，实现以销定产，以产定供，实现物流的高效运转和统一，最大限度地降低库存成本

- **节省周转时间**：企业通过与供应商和顾客建立统一的电子商务系统，实现企业的供应商与企业的顾客直接沟通和交易，减少周转环节，节省周转时间
- **增加市场机会**：企业通过与潜在的客户建立网上商务关系，可以覆盖原来难以通过传统渠道覆盖的市场，增加企业的市场机会

B2B的优势

4. B2B的运营模式

B2B不仅仅是建立一个网上的买卖者群体，它也为企业之间的战略合作打下了基础。B2B的运营模式如下图所示。

B2B的运营模式

- **垂直B2B模式**：垂直B2B模式可以分为两个方向，即上游和下游。生产商或商业零售商可以与上游的供应商之间形成供货关系，也可以与下游的经销商形成销货关系
- **综合B2B模式**：综合B2B模式是将各个行业中相近的交易过程集中到一个场所，为企业的采购方和供应方提供了一个交易的机会
- **自建B2B模式**：自建B2B模式是大型行业龙头企业基于自身的信息化建设程度搭建的以自身产品供应链为核心的行业化电子商务平台
- **关联B2B模式**：关联B2B模式是相关行业为了提升电子商务交易平台信息的广泛程度和准确性，整合综合B2B模式和垂直B2B模式而建立的跨行业电子商务平台

B2B的运营模式

5. B2B的交易流程

B2B电子商务模式是当前电子商务模式中份额最大、最具操作性、最易成功

的，其交易流程如下图所示。

1. 商业客户向销售商订货，首先要发出“用户订单”，该订单应包括产品名称、数量等一系列有关产品的信息
2. 销售商收到“用户订单”后，根据“用户订单”的要求向供货商查询产品情况，发出“订单查询”
3. 供货商在收到并审核完“订单查询”后，给销售商返回“订单查询”的回答，内容基本上是关于有无货物等情况
4. 销售商在确认供货商能够满足商业客户的“用户订单”要求的情况下，向运输商发出有关货物运输情况的“运输查询”
5. 运输商在收到“运输查询”后，给销售商回复“运输查询”的回答。如有无能力完成运输，及有关运输的日期、线路、方式等内容
6. 在确认运输没有问题后，销售商回复客户的“用户订单”，同时要向供货商发出“发货通知”，并向运输商发出“运输通知”
7. 运输商接到“运输通知”后开始发货。接着商业客户向支付网关发出“付款通知”，支付网关和银行结算票据等
8. 支付网关向销售商发出交易成功的“转账通知”

B2B的交易流程

（二）B2B采购

目前，不仅消费者爱上了电商平台，以企业为代表的采购商也越来越依赖电商平台。而在2015年7月出台的“互联网+”行动意见中，国务院也明确提出要鼓励企业通过电商平台进行采购。专家预言，以采购商为主导的电商时代即将来临，为采购商服务的采购平台将成为B2B行业发展的方向。

1. B2B采购的概念

B2B采购是指基于或少部分基于互联网技术的采购方式。它是一种在Internet上创建专业供应商网络的基于Web的采购方式。

B2B采购能够使企业通过信息网络寻找合格的供货商和物品，随时了解市场行情和库存情况，编制销售计划，在线采购所需的物品，并对采购订单和采购的物品进行在途管理、台账管理和库存管理，实现采购的自动统计分析。

2. B2B采购的优点

传统的企业采购模式主要是通过电话、传真订单或者与供应商直接面谈来完成的。在传统采购模式中，企业往往需要委派采购团队多次进行实地考察、检验和分析，造成企业采购效率低、采购成本高等多种问题。

而通过B2B平台进行采购，具有下图所示的优点。

优点一：能节省人力、物力资源，在短时间内获取全面、准确的供应信息，降低企业的采购成本和缩短采购周期

优点二：电商化采购的便捷性也可以让企业根据供应商的优势和特点进行灵活选择，降低采购物资在仓库受到挤压的概率，降低库存风险和减轻资金压力

优点三：通过B2B平台采购保障了采购的透明性，降低了采购风险，能保证采购的产品是符合企业发展需要的高质量产品

B2B采购的优点

3. B2B采购的意义

进行B2B采购，企业可以随时在线查产品信息和库存情况，监控企业的销售、库存、货物和资金周转状况等业务信息，制订科学的采购计划及支持决策。在缩短采购周期、优化采购过程、降低经营成本、提高工作效率和市场竞争力方面具有十分重要的战略意义。

4. B2B采购的模式

随着“互联网+”的不断推进，鼓励企业使用电商平台进行采购、推动电商由消费品领域向工业品领域拓展，已经上升至国家战略高度。通过B2B平台进行采购已成为企业采购发展的必然要求，我国B2B行业也有望掀起新一轮的发展热潮。

目前B2B采购的模式主要有以下三种。

（1）买方模式。

买方模式是指采购方在互联网上发布所需采购的产品信息，由供应商在采购方的网站上投标，供采购方进行评估，通过进一步的沟通和确认，从而完成采购业务的全过程。买方模式也称为“买方一对多模式”，其模型如下图所示。

买方模式模型图

在买方模式中，网站的开发与维护，产品资料的上传和更新维护的工作由采购方来单方面承担，供应商只需登录该平台投标即可，这样虽然加大了采购方的资金投入，但采购方可以更加及时和紧密地控制整个信息流和采购流程，有选择性地进行采购，补充货源。

（2）卖方模式。

卖方模式是指供应商在互联网上发布其产品的在线目录，采购方则通过浏览来取得所需的商品信息，然后做出采购决策。卖方模式也称“卖方一对多模式”，其模型如下图所示。

卖方模式模型图

在这一模式里，买方登录卖方系统通常是免费的，采购方通过浏览供应商建立的网站能够比较容易地获得自己所需采购的产品信息，但由于产品具有多样性以及供应商的数量多，采购商必须寻找更多的供应商系统进行比较，以便于选择性价比最高的合作伙伴完成采购，这样一来又无形中加大了资金和人员的投入。

（3）第三方平台模式。

第三方交易平台多以门户网站的形式出现，是一个单一的整合点，多个采购商和供应商能够在上面进行各种商业交易，其模型如下图所示。

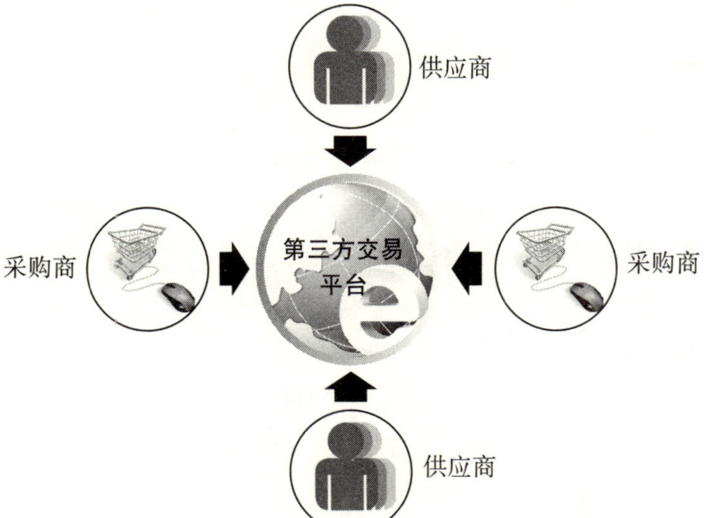

第三方交易平台模型图

在这个模式里，无论是供应商还是采购方都必须注册并登录第三方交易平台，并在第三方网站上发布求购信息，第三方交易平台负责对这些上传的信息进行整合，然后在网站上及时发布和更新、维护，以便反馈给用户，达到促成交易成功的目的，使供应商和采购商从中获益。

目前比较流行的第三方交易平台如阿里巴巴供求平台、慧聪网、易趣等都是专门为各供应商和采购商提供的网络采购平台。

拓展阅读

供应链的新风口：将进入B2B时代

当今，供应链是网络化的而不是线性的，每个企业都与外包的合同制造企业、第三方物流供应商（3PLs）、货运代理和运输商存在相互依赖关系。虽然企业间的合作关系因外包而相互依赖，但不同企业的IT信息系统却仍然是处于孤立状态。企业内部的业务流程依靠内部IT信息系统而变得自动化，但延伸到外部的企业间价值链协作的自动化却仍是一个有待发掘的空间。

当前，B2B网络解决方案很可能正处于走向成熟的第二个十年，虽然目前只有7%的业务流量通过B2B网络，但B2B网络发展日趋成熟，因此，企业应该将其视为供应链IT架构体系中的一部分。

今天，大多数企业间供应链网络依赖于特定的、手工的流程与操作。尽管B2B互联互通技术已经过了十年的演化，但企业间供应链网络中的大多数的信息交互仍然是通过电子表格、电子邮件和电子数据交换（EDI）来完成的。其结果是，一旦企业在供应链网络中的事务信息发生变化，就很难保持与贸易合作伙伴的信息同步。

企业间的信息集成虽可勉强实现，但做不到信息变化的同步。为什么？因为企业间没有一个能对数据交互进行跟踪记录的在线系统，数据交换是点对点的，数据延迟很高，其结果是接收到的数据，经常是不同步的和过期的。由于企业间的数据链接非常脆弱，要实现企业相互之间业务协作流程的自动化几乎是不可能的。

大多数公司都清楚知道上述问题的存在，但却困惑于以下三个因素而不知如何入手解决。

（1）B2B供应链商业网络解决方案与电子数据交换（EDI）是何关系？

（2）B2B供应链商业网络解决方案与企业资源计划（ERP）系统是何关系？

（3）该使用什么样的B2B供应链商业网络解决方案？

B2B网络和供应链可视化

通常来说，企业在向外部延伸的商业网络中寻求实现供应链的可视化的机会，会促使公司考虑使用B2B供应链商业网络解决方案。当你说“我们需要供应链的可视化”时，在会议室里的所有人都会点头说是，大家都同意这是他们需要的，然而，给它下个准确的定义却是另外一回事，“供应链可视化”一词缺乏准确的定义，市场上的众多技术供应商提供的是不同形态的解决方案。尽管目前已有多个版本的供应链可视化解决方案云集市场，但构建B2B供应链商业网络仍是其核心内容。

企业供应链可视化是刚性需求。在今天的市场上，企业当前已经达到的供应链可视化水平，与其规划目标之间还存在巨大差距。企业通常具有一个多样化的技术环境，既需要在内部ERP系统的多个应用实体之间实现可视化（企业平均有四个应用实体），也需要在企业的多个应用系统之间实现可视化，以便同步制造与采购。

总之，企业供应链的可视化、合作伙伴之间供应链的同步是刚需，需求的具体形式多种多样，包括供应商、物流商和合约制造商的可视化，它可以是一对多或多对多的。当今，企业内部部门之间的可视化程度水平要远远高于企业与其他企业之间的可视化程度水平。可视化的需求和现实之间的差距越大，业务开展就越困难。

采用基于B2B商业网络的供应链可视化解决方案目前可谓正当其时！为什么？随着B2B供应链商业网络解决方案的日渐成熟，领先企业已经逐步放弃了从ERP厂商那里获取供应链可视化解决方案的打算。而在十年前，企业对于ERP厂商的承诺还是抱有高度的信任的。

EDI与B2B的比较

尽管ERP系统也可把EDI（电子数据交换）信号从企业内部发给企业的贸易伙伴，但EDI增值网络与B2B网络相比，在七个不同的方面有很大差异。

EDI增值网络与B2B网络的特性对比

分类	EDI增值网络	B2B网络
数据管理	点对点和一对一	基于架构的一对多或多对多
信息流	单通道、单向和固定的	双通道和可调节的
社区化的洞察力	低	高
社区化的分析	低	潜力正在爆发
可靠性	链接脆弱，容易因ERP及软件升级而中断	基于规范的数据模型与业务的进步，链接变得更为可靠
系统记录	点对点，没有系统记录	在ERP作为企业内部记录系统的同时，B2B网络负责同步商业伙伴间的信息变化，以确保协作的透明和可靠

此外，好几种ERP解决方案都具有B2B功能，市场上最著名的一种解决方案是SAPSNC（SAP供应商网络协同）。在这种解决方案中，有关消息从公司的ERP系统中被触发，然后直接发送给贸易合作伙伴。

尽管很多公司已把相关信息推送到了企业门户，但这并不足够，这种方式过于被动，缺少系统的记录，一旦数据发生变化，贸易合作伙伴将无法及时发现数据变化，也无法做出相应改变。

背景知识

B2B供应链商业网络不是EDI增值网络，不是一个企业私有的网络，也不是一个企业内部的系统。相反，GT Nexus（GT Nexus是一家为全球物流与供应链实施提供托管软件与服务的领先供应商）的商业网络是一系列的贸易伙伴节点之间的复杂组合。当前我们的供应链系统绝大多数都是一对一数据模型的企业内部系统，而这种企业数据模型是无法转换为B2B网络的。与之正相反，B2B解决这种方案需要基于网络和多对多架构来精心构建。

（三）主要的B2B餐饮采购平台

近2年，互联网发展突飞猛进，我们的生活已深深打上互联网的烙印。“互联网+”已经成为一个时代趋势。在餐饮食材供应领域，互联网餐饮采购交易平台的进入改变了传统的餐饮食材采购模式，将传统的线下交易搬到了线上。

1. 鲜易网

鲜易网是河南鲜易网络科技有限公司打造的生鲜食材电商平台，采用B2B+O2O的服务模式，致力于为生鲜食品企业、餐饮企业用户提供商机发布、品牌传播、网络营销、担保交易、金融服务、仓储物流等多方位、全流程电商服务。

鲜易网Logo

（1）网站简介。

鲜易网依托鲜易供应链线下服务网络，为客户提供线上担保交易、线下物流服务的一体化解决方案。

鲜易网首页截图

鲜易网凭借对电子商务发展的深刻理解与完善，一方面努力帮助生鲜食材企业发挥互联网在企业发展中的应用价值，帮助企业利用电子商务优势实现订单获取、在线销售及采购等活动，提高生产经营和流通效率，另一方面创新电子商务发展，最大可能地保障买卖双方的共同利益，并以线上与线下相结合（B2B+O2O）的形式，通过冷链物流、金融服务等手段，提供纵向一体化的链型商业服务，满足买卖双方的交易、撮合、支付、物流、融资等一系列需求，形成一个良性的电商发展生态圈，从而保持包括企业与平台在内的共赢的可持续发展之路。

（2）经营产品。

鲜易网经营的产品包括肉类产品、进口食品、方便食品、生鲜食品等上百种品类，是食品网络购物的首选网站，也是餐饮企业、中小食品企业的优质供应商。

（3）经营服务。

鲜易网的经营服务主要包括五个方面，如下图所示。

经营服务

商机发布：鲜易网具备完善的信息发布功能，拥有优秀的商城系统，能满足不同用户的需求，提供个性化、动态化店铺装修服务，可快速发布产品及企业信息

市场营销：基于平台的SEO搜索引擎优化以及强大的全网营销系统，覆盖独立电商平台、行业网站、媒体网站、社区、博客、论坛、微博、微信等主流宣传通道。利用鲜易网线下分销渠道可将产品输送至各大商场、社区、餐饮、团膳企业

担保交易：有别于传统的信息类B2B电子商务平台，鲜易网为用户提供线上担保支付交易服务，有效保障买卖双方在商贸往来中的利益，使买卖双方省心、放心

金融服务：鲜易网与银行开展合作，为鲜易网用户提供征信服务、融资服务通道，帮助企业快速融资贷款

仓储物流：鲜易温控供应链拥有8个产地、25个销地冷链物流基地，覆盖全国大多数物流节点城市和冷链产品主销城市。在13个城市拥有25处冷库，净面积达到15万平方米，总容积为150万立方米。拥有冷藏运输车辆3000余辆。所有车辆均配备运输管理系统（TMS系统）、全球定位系统（GPS）和地理信息系统（GIS）跟踪系统，温控设施等物流信息系统

经营服务内容

（4）购物流程。

步骤一：注册、登录。

打开鲜易网（http：//www.xebest.com/），点击注册按钮，注册页面如下图所示，按提示操作，标"*"号的为必填项。

鲜易网注册页面

步骤二：选择地区。

选择用户所在区域，确定地区后进入搜索页面。

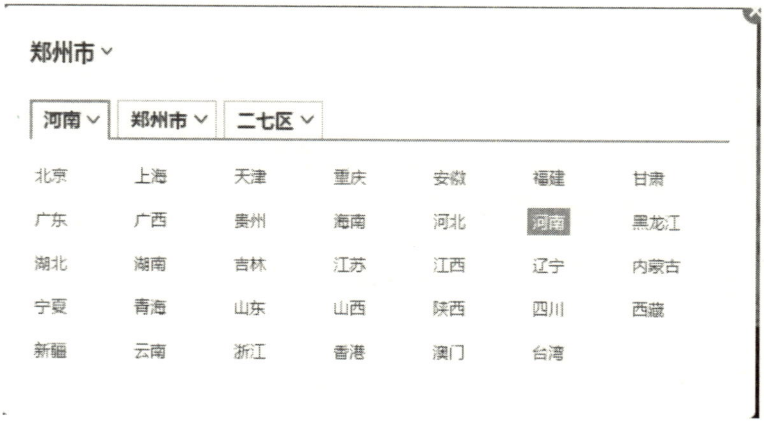

选择地区

步骤三：搜索商品。

在商品分类中查找或者直接在搜索框中输入商品名称，找到自己想要的商品。

鲜易网首页截图

步骤四：加入购物车。

把选择好的商品添加到购物车中。

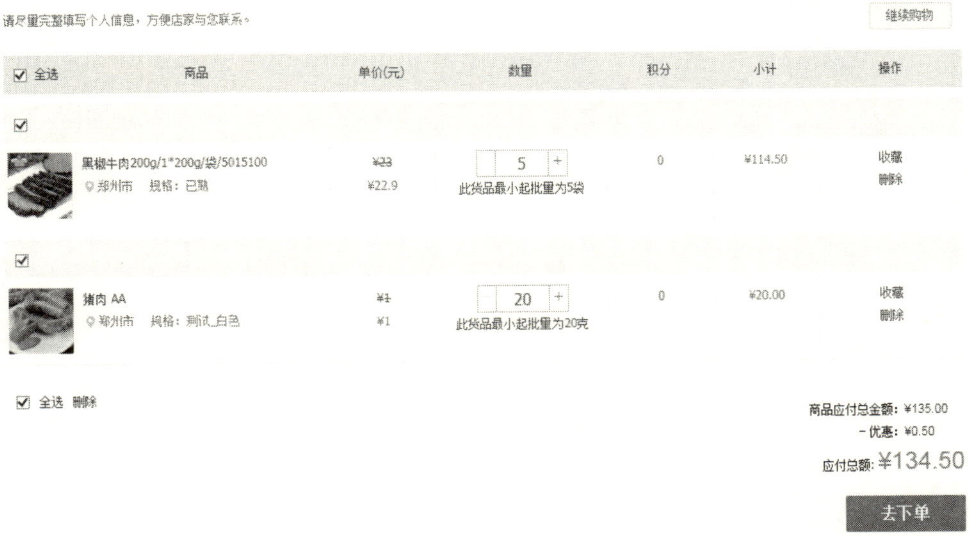

购物车

步骤五：提交订单。

选择好商品后，点击去下单按钮，提交要购买的商品。

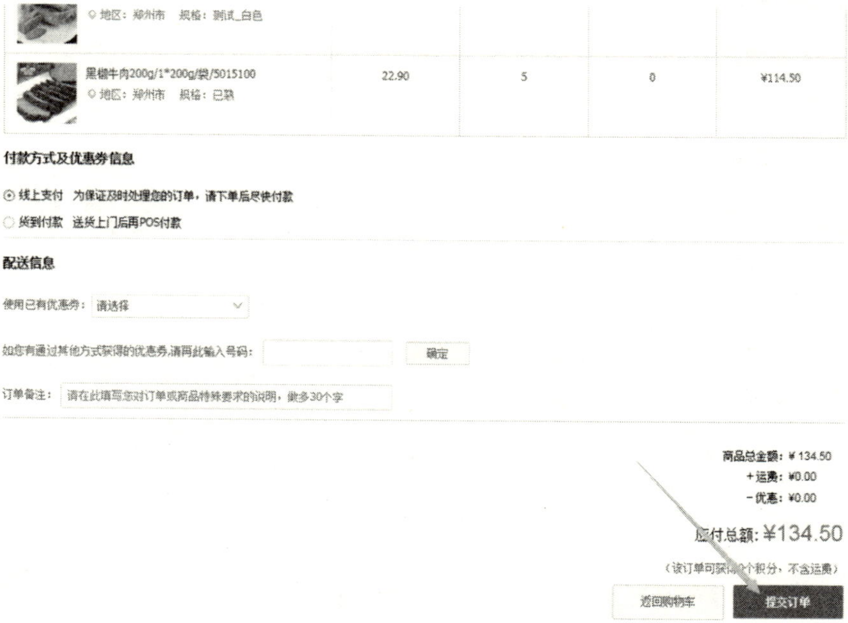

提交订单

步骤六：查看订单状态。

订单提交以后，可以在我的订单中查看订单的状态。

订单状态

2. 众美联商城

由众美联（香港）投资有限公司投资，小南国集团等作为主发起方的众美联餐饮酒店B2B云采购平台，于2014年12月正式上线交易。

众美联商城Logo

（1）网站简介。

众美联商城目前拥有黑卡采购用户300余家，覆盖全国50个城市餐饮酒店一线品牌。截至2015年年底，众美联餐饮酒店B2B云采购平台协议订单累计已达120亿张，创造了中国B2B电商行业的新纪录。

众美联商城首页截图

众美联商城包含酒店综合用品、厨房用具、粮油调料、食材、酒水、专业设备、办公用品、家具、信息化系统、基建装潢十大品类。至2015年年底，目标实现全球5万家大型源头生产制造商、一级经销商入驻（50万种商品）。

（2）服务优势。

众美联商城的服务优势包含五个方面的内容，具体如下图所示。

去中间商：众美联从供应链上游直接供货，免去额外的渠道费用，可大大降低采购成本

价格优惠：5万多家众美联会员，每月上10亿张的集采订单，在供应商得到海量客户资源的同时，也降低了会员的采购价格

平台化运营：众美联平台整合供应链、资金链及物流体系，打造三位一体的完整B2B电商价值链，省去餐饮企业在传统采购渠道中耗费的大量人力、物力、财力，帮助实现采购模式的革新

金融服务：众美联引入多家银行和供应链金融公司，为供采双方提供健全的供应链金融服务

支持比价：众美联向会员提供价格、交易量、服务的基本查询，同时为适应行业的采购特性，开发业态细分、品类比价等高级功能，打破传统渠道单体采购、单点销售的价格壁垒

众美联商城的服务优势

（3）品质保障。

众美联商城严控食品安全，对供应资质进行层层审核，具体如下图所示。

供应商五证审查：营业执照、税务登记证、组织机构代码证、生产（或流通）许可证、卫生许可证，众美联都严加把控检查

商品审核严格把关：仔细查验有关质量认证食品的相关质量认证证书，进口食品的有效商检证明及国家规定应当经过检验检疫的食品的检验检疫合格证明等

众美联商城的品质管控

（4）物流体系。

众美联商城具有三大物流体系，具体如下图所示。

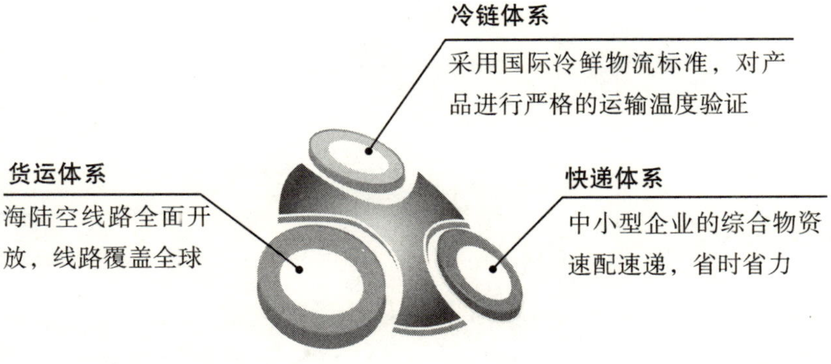

众美联的物流体系

（5）采购流程。

第一步：登录。

点击网站左上角的登录，默认采购商登录，分别填入用户名、密码，并点击登录按钮。

众美联商城登录页面

第二步：查找商品。

①在搜索输入框中输入要采购的商品的关键词。

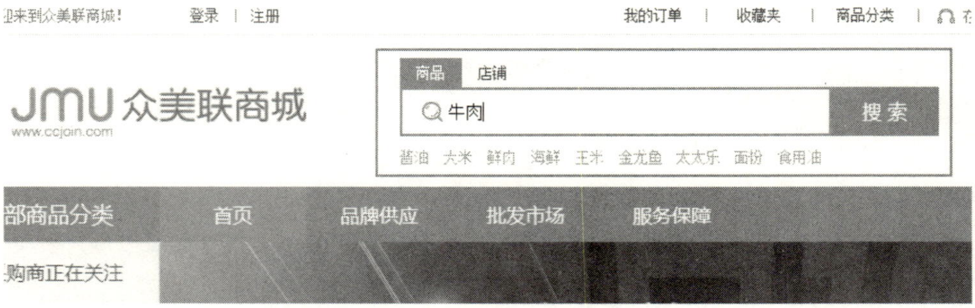

查找商品

②点击搜索按钮就会出现搜索结果。

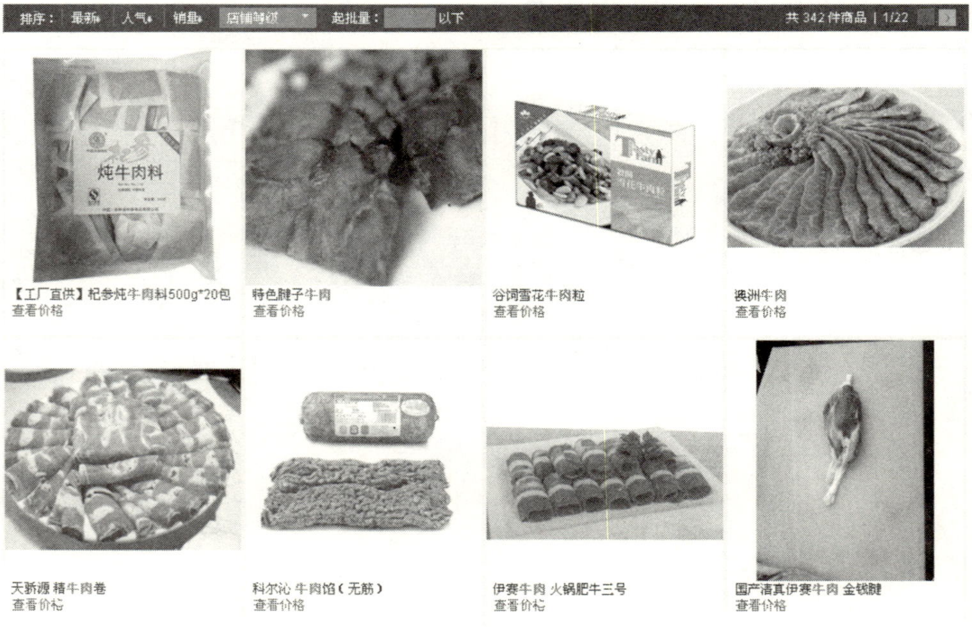

搜索结果页面

第三步：购买商品。

①在商品详情页填写需要采购的商品数量，并点击立即采购按钮。

购买商品页面

②设置收货信息。

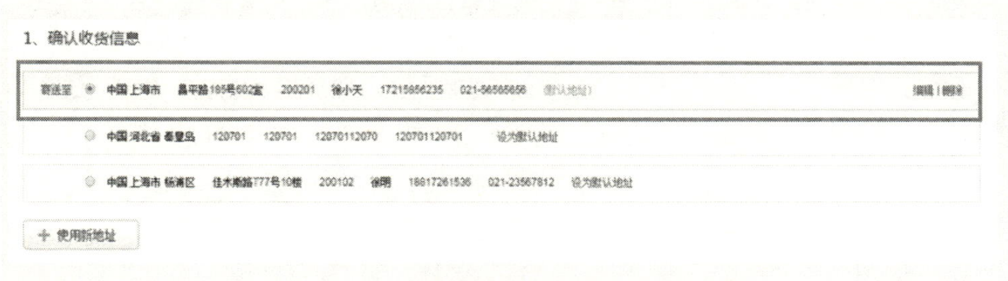

设置收货信息

③确认商品清单，选择配送方式等信息后，点击提交订单按钮。

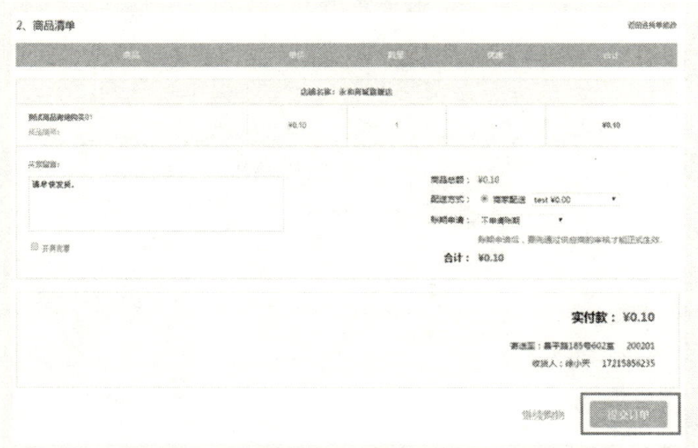

提交订单

④点击图示中的确定按钮。

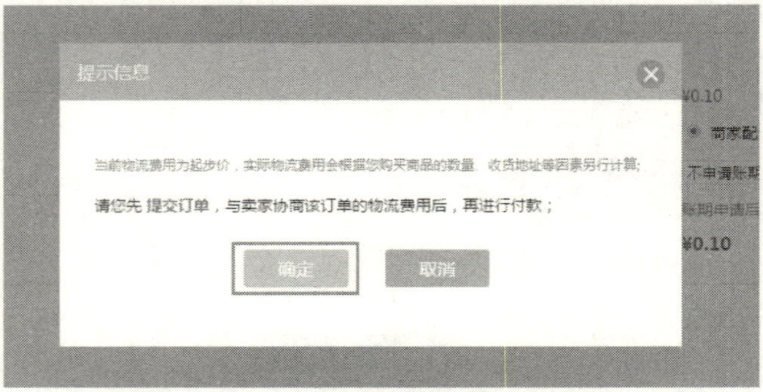

确定采购信息

⑤订单提交成后，选择合适的支付方式。

选择支付方式

⑥成功支付后，点击完成支付按钮。

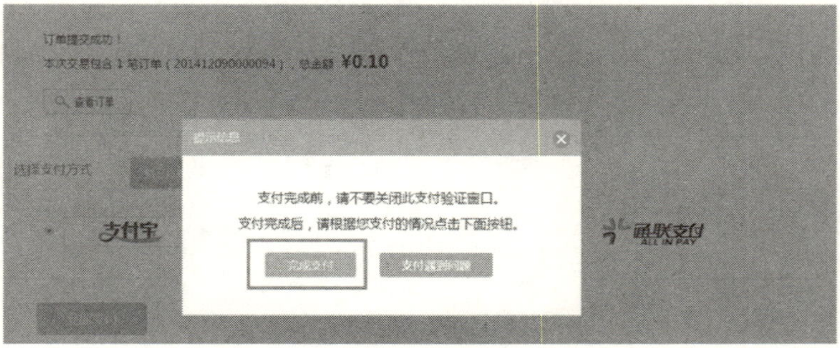

完成支付

3. 优配良品

优配良品

优配良品Logo

优配良品成立于2015年3月，是一家致力于为中小微饭店提供一站式的食材供应服务的B2B平台。

（1）网站简介。

2015年3月，优配良品正式成立，成立首日即获得国内知名投资人200万元的种子融资。

2015年4月，优配良品公众号正式上线，上线首日下单客户数达到20家，获得国内知名投资机构1000万元的PRE-A轮融资。

2015年9月，上线半年，累计完成26万多次满意配送，获得1亿元A轮融资。

2015年12月，单日下单客户数突破6000家，实现日销售成倍增长，启动B轮融资。

优配良品首页截图

优配良品90%以上的食材都采取直采的方式，去掉中间冗长的流通环节；同时将食材的质量问题溯源到上游供应商，优配良品的合作供应商在进行食材供应时会给优配良品提供相关检测报告和资质证明，从源头保证菜品的品质。

（2）服务特色。

优：行业领先的食品级分拨仓储设计，保障客户订购的食材在专业、高效、安全的环境中精细分拣、分包，减少损耗，在保障食材品质的前提下，提高客户过秤验收效率。

配：高效、精准的自建物流配送体系，保证客户订购的食材能及时送达，针对不同的食材采取不同的包装及温度控制，使得食材在运输过程中保质、保鲜、保量。

良：良心的价格，直接帮助客户节省20%～30%的采购成本，间接帮助客户节省人力、时间成本，提升运营效率。

品：专业、用心的食材供应商筛选、管理，保障源头食材采购品质，为客户把好食材采购第一关。

（3）采购流程。

步骤一：进入优配良品公众号，点击我要订菜。

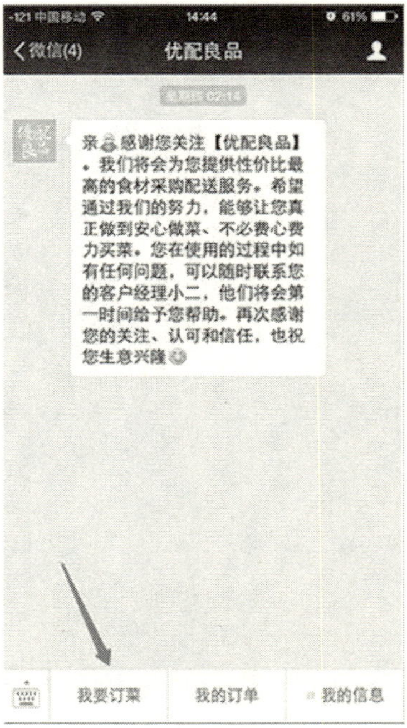

优配良品公众号页面

步骤二：选择菜品和菜品数量。根据不同类别选择需要的菜品（注意菜品包装规格），加号和减号可以增减数量，如果经常选择某一菜品，点击菜品详情，再点击收藏按钮即可将该菜品收藏，之后可以在我的收藏中快速查找到该菜品。

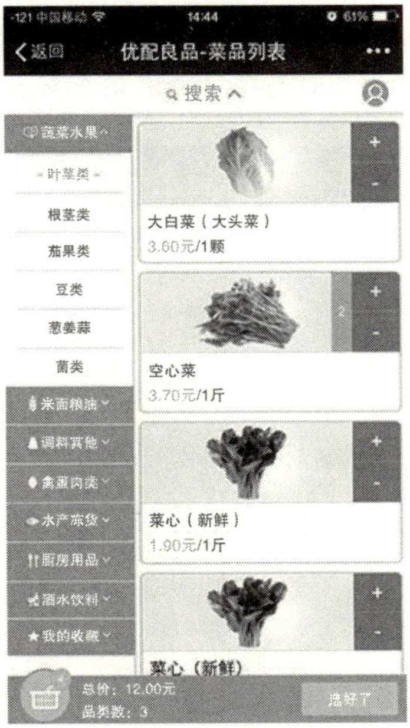

选菜界面

步骤三：选好菜品后点击左下角的菜篮子，进入购物车详细，核对所选菜品是否正确，包含品类、数量、规格。

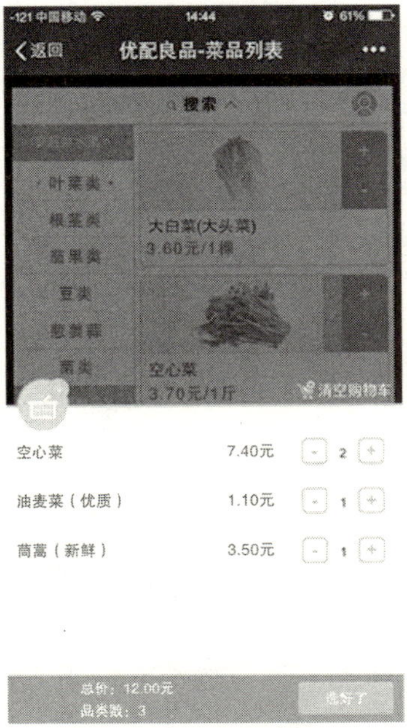

购物车界面

步骤四：核实无误后点击选好了进入下一个界面，确认收货信息以及送货时间。客户可以将对菜品的需求写到备注里，但是不要在备注里写上需要的菜品。

确认订单

步骤五：进入优配良品公众号，点击我的订单进入订单列表页面。

订单列表

第六章 餐饮O2O采购

章前指引

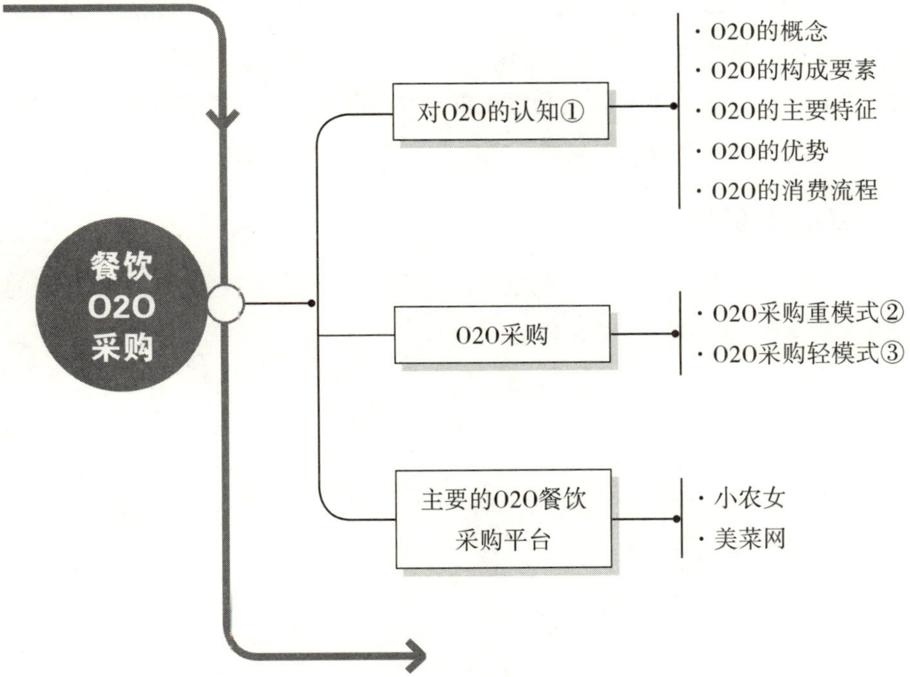

图示说明：

① 了解O2O的概念、构成要素、特征、优势、消费流程等才能更好地运用O2O采购。

② O2O采购重模式的业务链由市场推广、技术研发、仓储、采购部门、物流配送、售后服务六个模块组成。

③ O2O采购轻模式由技术研发、市场推广、招商部门三个模块组成。

（一）对O2O的认知

在电子商务领域，B2B和B2C无疑是最常见的两种模式。但是随着团购网站的火爆，一种新的模式——O2O，渐渐进入投资人与创业者的视野。

1. O2O的概念

O2O是Online to Offline的缩写，即互联网线上商务消费与线下实际商务相结合的商业应用模式。聚集有效的购买群体，并让购买群体在线支付相应的费用，再凭各种形式的凭据，去现实世界的商品或服务供应商那里完成消费。

O2O模式的核心很简单，就是把线上的消费者带到现实的商店中去——在线支付购买线下的商品和服务，再到线下去提取商品或享受服务。

2. O2O的构成要素

随着互联网上本地化电子商务的发展，信息和实物之间、线上与线下之间的联系变得更加紧密。O2O的构成要素如下图所示。

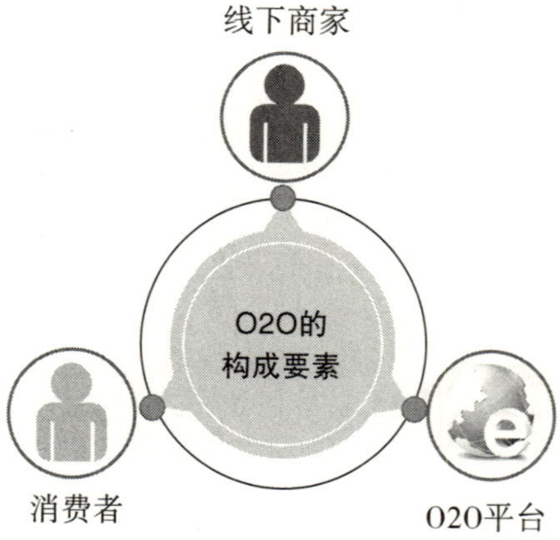

O2O的构成要素

3. O2O的主要特征

O2O模式的特点在于把网上和网下的优势完美结合在一起。通过网购导航，把互联网与线下店面完美对接，实现互联网落地。让消费者在享受线上优惠价格的同时，又可享受线下贴身的服务。同时，O2O模式还可实现不同商家的联盟，这种模式的主要特征如下图所示。

特征一

O2O模式充分利用了互联网跨地域、无边界、海量信息、海量用户的优势，同时充分挖掘线下资源，进而促成线上用户与线下商品及服务的交易

O2O模式将线上订单和线下消费结合，所有的消费行为均可以准确统计，进而吸引更多的商家进来，为消费者提供更多优质的产品和服务

特征二

特征三

O2O在服务业中具有优势，价格便宜，购买方便，且折扣信息等能及时获知

O2O将拓宽电子商务的发展方向，由规模化走向多元化

特征四

特征五

O2O模式打通了线上和线下的信息和体验环节，让线下消费者避免了因信息不对称而遭受的价格蒙蔽，同时实现线上消费者的售前体验

O2O的主要特征

4. O2O的优势

O2O是将线下商务的机会与互联网结合在了一起，让互联网成为线下交易的前台。这样线下服务就可以在线上揽客，消费者可以在线上筛选服务，还有成交可以在线结算。这种模式的优势如下图所示。

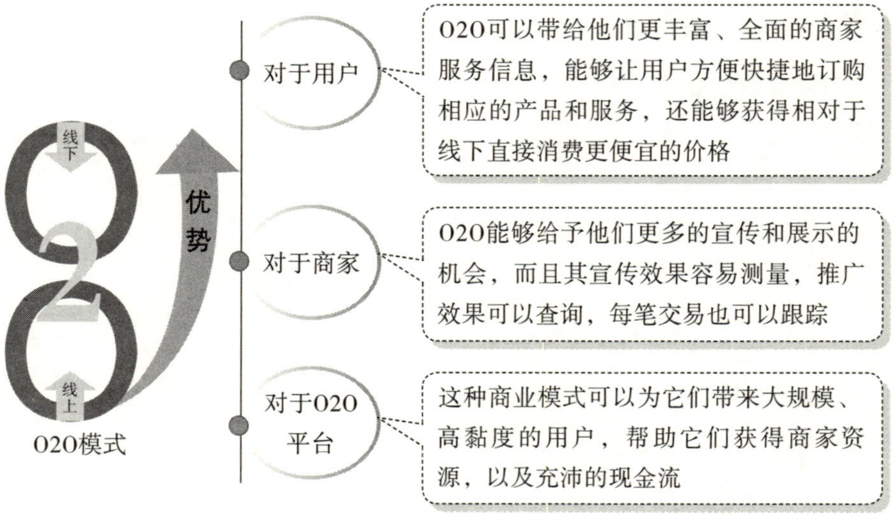

O2O模式的优势

5. O2O的消费流程

与传统的消费者在商家处直接消费的模式不同，在O2O平台商业模式中，整个消费过程由线上和线下两部分构成。线上平台为消费者提供消费指南、优惠信息、便利服务（预订、在线支付、地图等）和分享平台，而线下商户则专注于提供服务。在O2O模式中，消费者的消费流程可以分解为下图所示的五个阶段。

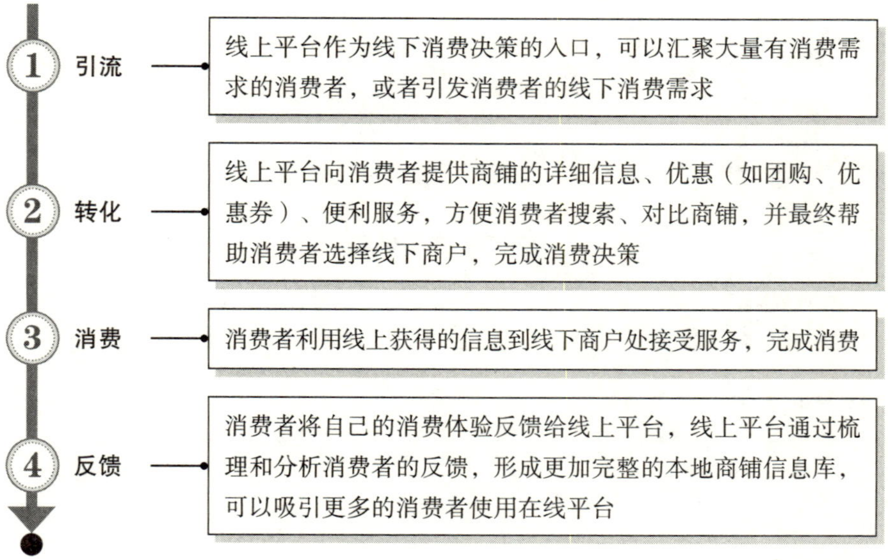

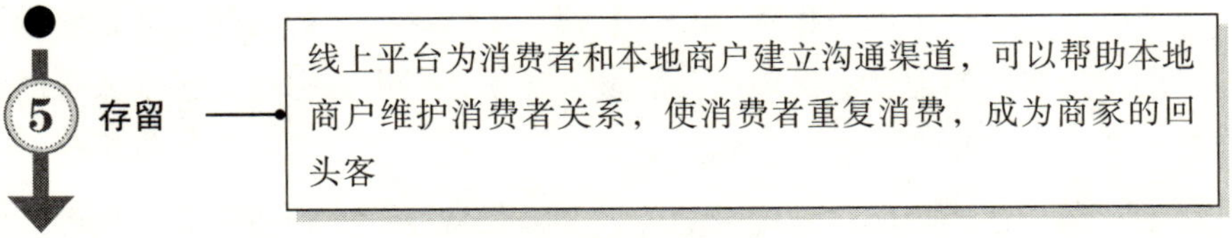

O2O的消费流程

（二）O2O采购

继“千团”大战、外卖血拼之后，餐饮O2O的战火开始燃向了采购供应链。每年超过万亿元体量的餐饮采购大蛋糕，激发了众多创业企业利用“互联网+”对餐饮行业进行重新发现和改造的热情，用户群的竞争也从个体消费者转向了想象空间更大的餐饮企业。轻模式、重模式、细分市场、补贴价格战……竞争的胶着程度毫不逊色于C端。

1. O2O采购重模式

O2O采购重模式的业务链由市场推广、技术研发、仓储、采购部门、物流配送、售后服务这六个模块组成，具体分析如下图所示。

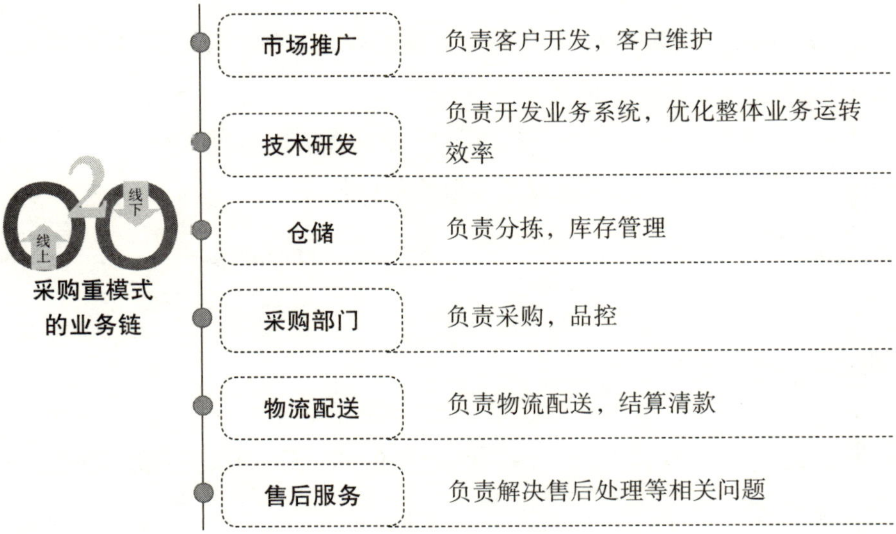

O2O采购重模式的业务链

自建物流、自加工的重模式平台，仓储、采购部门、物流配送等都属于关键业务模块，拥有控制力强、保障服务质量等优势，但也存在运转成本、管理成本过高等问题，且发展速度相对比较缓慢。

比如，饭店联盟采取以销定采的方式，提供从原产地到消费终端整个供应链的解决方案。又如，链农的操作模式为集中中小餐饮商家的采购需求，在前一天晚上清算商家下单量，第二天统一到二级市场批量采购，然后再以便宜约20%的原材料价格配送给商家。

2. O2O采购轻模式

O2O采购轻模式由技术研发、市场推广、招商部门三个模块组成的，具体分析如下图所示。

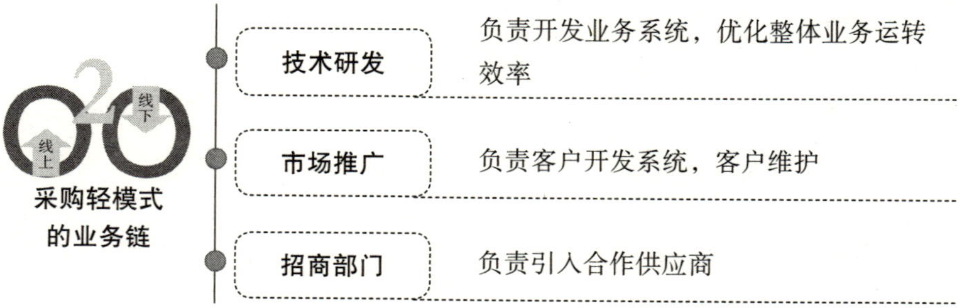

O2O采购轻模式的业务链

运营成本低、启动快速是轻模式的主要优势。O2O餐饮采购轻模式主要是为供应商和餐饮企业提供一个信息对接的平台。

比如，众美联在运营初期主要是作为一个对接的信息交流平台，不会去建仓库和物流系统，物流方面主要还是由供应商自身提供。

拓展阅读

外卖、团购、跑腿、上门，用户所期待的同城O2O系统到底是什么？

在O2O概念家喻户晓的今天，已经到了“非O2O不互联网”的境地。各O2O细分领域都已出现龙头企业，但同城O2O这类综合型平台却一直未登榜首。那么，同城O2O系统需要哪些功能与切入点，才能登上榜首呢？

1. 多样化的同城服务

同城服务

（1）外卖服务。

同城O2O需要满足用户的外卖订餐需求，不需要建立多么完善的外卖订餐系统，但却必不可少。

（2）团购服务。

同城O2O的平台中的团购信息是重要的流量入口，这一服务非常重要。

（3）跑腿服务。

跑腿服务提供以区域划分的外卖订餐配送服务以及同城内的其他商品跑腿派单服务。

（4）上门服务。

上门服务除了上门家政外，皆为伪需求。至于创业者会在同城O2O平台中如何定义上门服务，则需要进一步思考。

（5）本地资讯。

本地资讯有利于同城用户的聚集留存，提升平台用户归属感.

（6）分类供求。

这个是传统同城信息平台的基础服务，是必不可少的。

2. 良好的用户体验

同城O2O平台的用户管理页面

不管多强大的系统功能，都要以良好的用户体验为基础。这就需要平台在开发时注意UI的美观性、动效的连贯性以及用户体验的合理性。只有拥有完整、优异的用户体验，才不会导致已访用户的流失。

3. 深入考量的商业模式

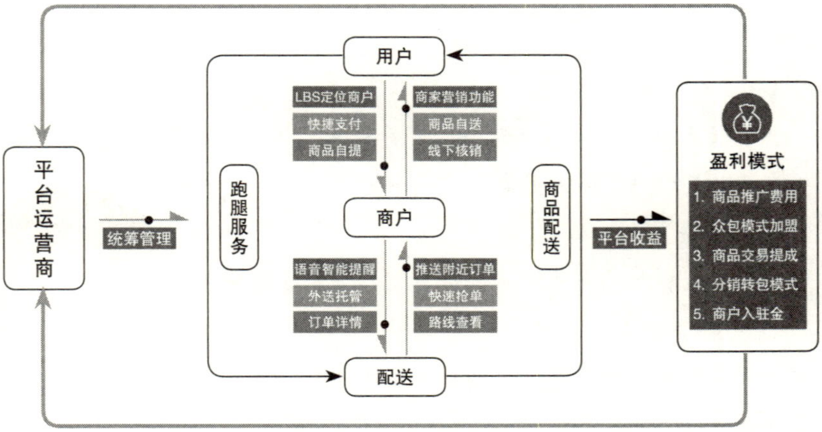

同城O2O的商业模式

随着互联网创业项目的不断增加，创业公司之间的竞争最后逐渐转变为商业模式的竞争。一个成熟的商业模式，决定了你能否走得长远，因此在启动同城O2O的创业项目之前请多思考、多调研，找准契合点，蓄势而发。

4. 合理的资金使用与市场策略

在互联网的创业大潮中，鲜有创业之初就能够取得资本认可的项目。因此前期很需要创业者能够使用有限的资金投入，在小规模的示范市场取得成功。这就要求创业者不能在自己既定的商业策略中迷失，并且要能够充分发挥自己的有限资金价值。比如你可以将你的启动资金分为多份，一部分用于直接购买使用江湖CMS这种系统平台的服务商提供的商圈O2O产品（这点可以大幅降低自己在开发上的投入），一部分资金用于团队组建（要有几个不离不弃的骨干员工），一部分资金用于前期的市场推广（并非大手笔的推广费用才能行之有效，针对自己的目标用户选择合理的推广投入才能获得最好的效果）。

互联网创业像是逆水行舟，不进则退。创业者需要在进行创业之前就做好充分的心理准备，找准市场定位，谋定而后动。

（三）主要的O2O餐饮采购平台

1. 小农女

小农女是一个生鲜电商O2O品牌。餐馆配送模式是小农女2014年启动的全新O2O生鲜电商供应链模式。

（1）网站简介。

有数据显示，我国每年生鲜市场有数万亿元的销售规模。面对如此巨大的市场前景，生鲜市场成为电商企业纷纷抢占的要地。“吃货”是个巨大的市场，

小农女Logo

生鲜电商具有较为可观的潜力。小农女是生鲜电商，尤其是移动生鲜电商的先驱者。

小农女首页截图

（2）品牌定位。

小农女O2O生鲜电商，为具有做饭需求的小区居民和餐馆提供蔬菜原材料。

（3）品牌服务。

小农女生鲜电商的服务种类如下图所示。

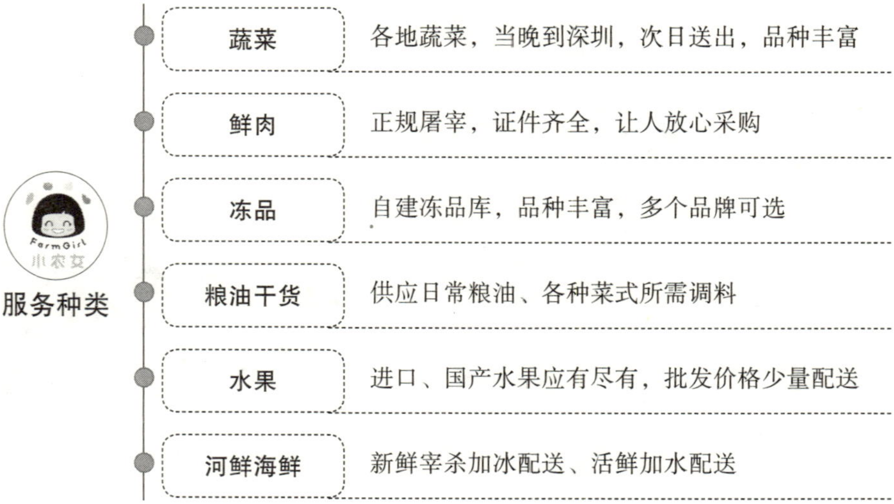

小农女的服务种类

（4）微信下单流程。

小农女的微信下单流程如下图所示。

新增朋友

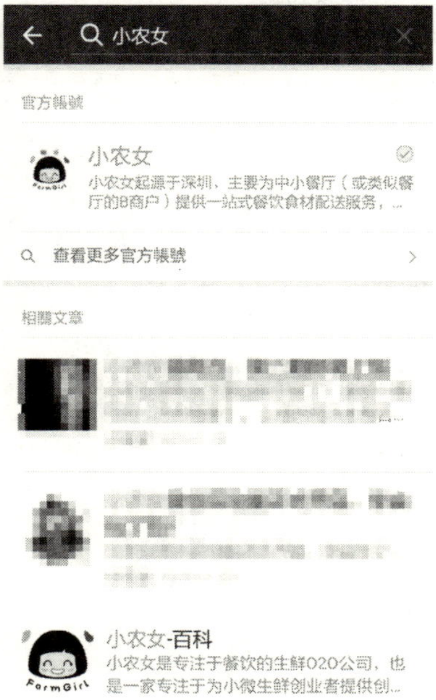

查找并关注小农女

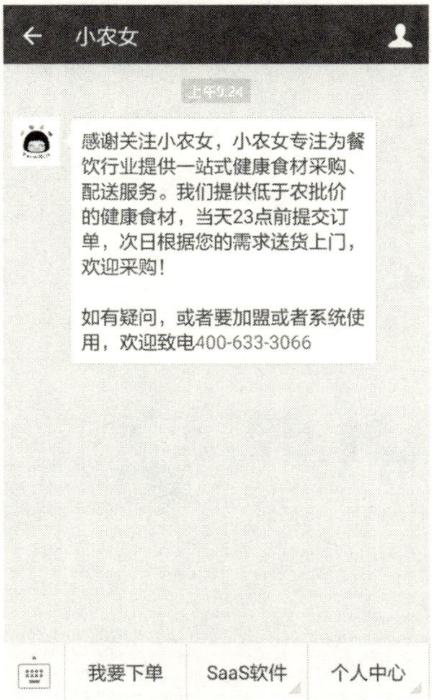

公众号聊天界面

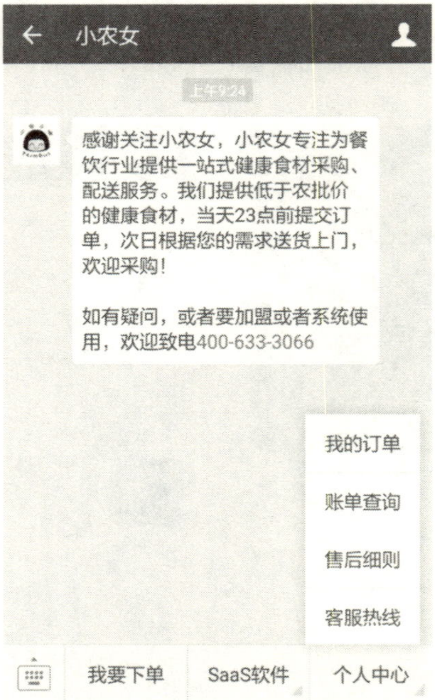

公众号的个人中心功能

登录小农女

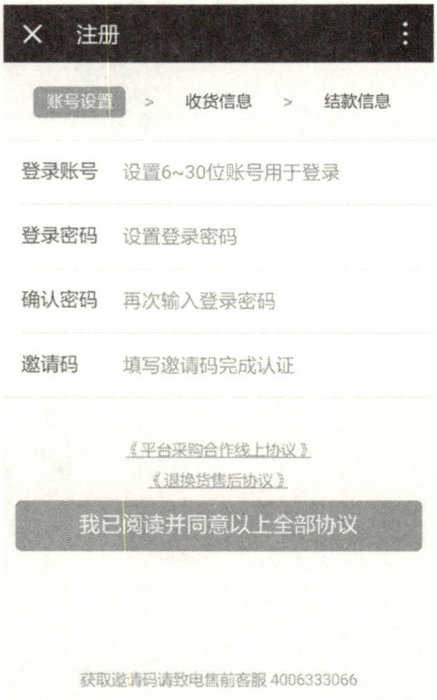

注册小农女

选择菜品

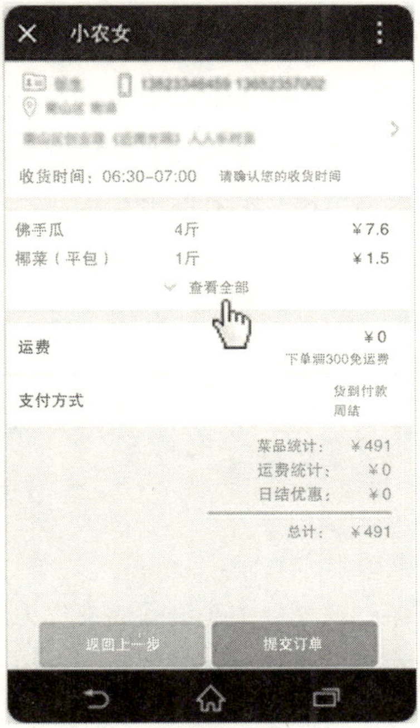

核对订单

提交订单成功

2. 美菜网

美菜是北京云杉信息技术有限公司旗下网站，成立于2014年5月，是一家主打农产品的电子商务网站，为原窝窝团创始团队二次创业时倾力打造的一个农产品移动电商公司，CEO为刘传军。

美菜网Logo

（1）网站简介。

美菜网前期以中小型餐饮商户为切入点，专注面向全国近1000万家中小餐饮商户，在为客户提供省时省力、省钱省心的农产品的同时将合作餐厅拓展成为全媒体平台，用自身优势为餐厅提供顾问服务。

美菜网首页截图

美菜网的具体操作模式为用户在网络下单，平台集中采购，再由物流配送。实际上，美菜网牵涉到采购、物流、销售与互联网产品设计，并于2014年8月获得真格基金等的上千万元天使投资。

（2）服务特色。

作为中国领先的农产品移动电商平台，美菜网的服务特色如下图所示。

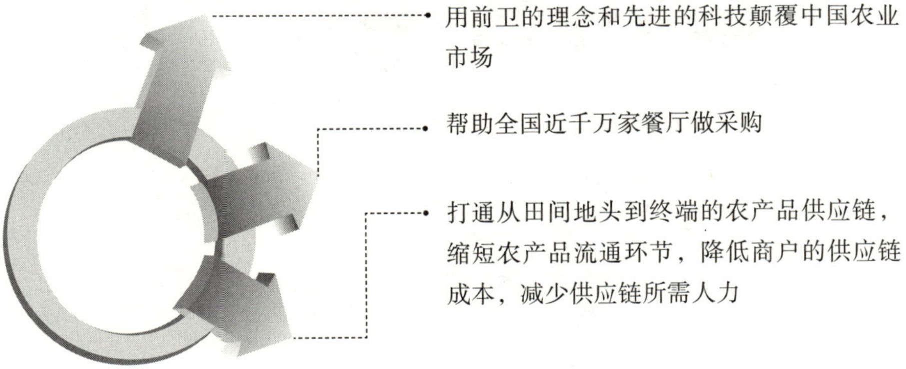

美菜网服务特色

美菜网全流程精细化管控菜品从田间地头到餐桌的每一处细节，同时可提高农民收入，减少压货风险，降低农民的损失，促进资源合理分配。

（3）采购流程。

步骤一：关注美菜。

打开微信界面，点击右上角的“+”并选择“新增朋友”，在搜索框里输入“美菜”或者“yuncai－com”，在搜索结果中选择美菜添加关注。

新增朋友

搜索并关注美菜

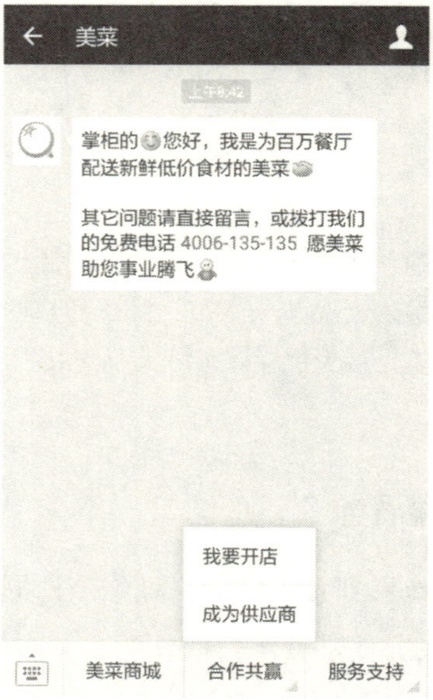

与美菜的合作

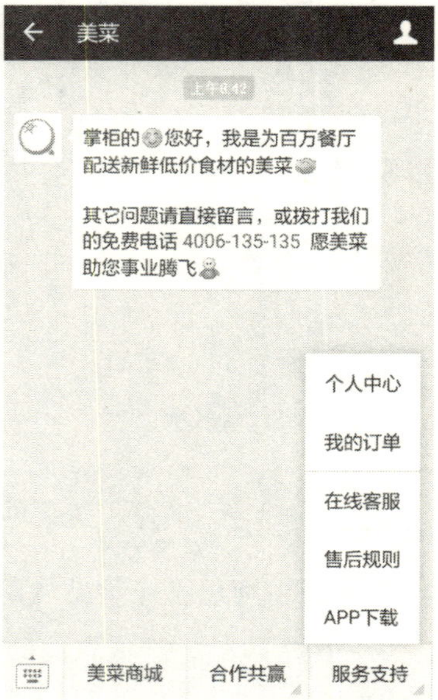

美菜的服务

步骤二：注册与登录。

①如果已是美菜网用户，请点击登录，输入绑定的手机号和密码后继续下订单。

②如果不是美菜网用户，请点击注册，输入注册信息后点击注册即可。

登录美菜

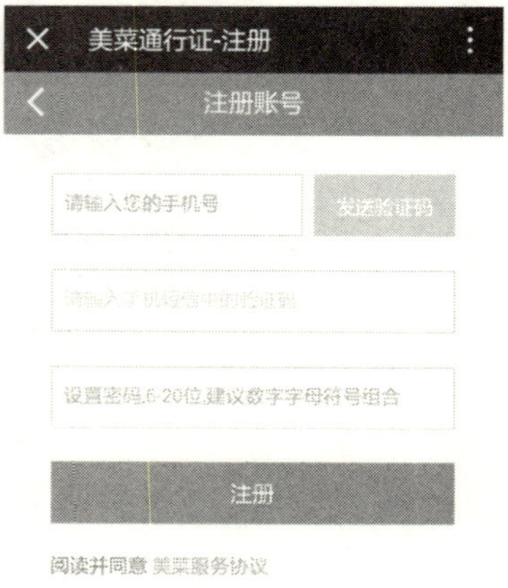

注册美菜

步骤三：订菜。

①进入美菜公众号，点击美菜商城，选择菜品和菜品数量，然后选择下一步，进入购物车详细页面，核实无误后点击下单进入下一个界面，再次核实后点击确认订单，下单成功。如需取消订单，请点击取消订单。

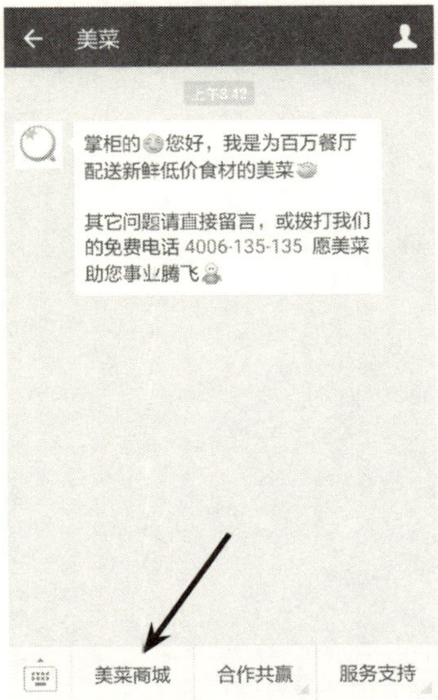

进入美菜商城

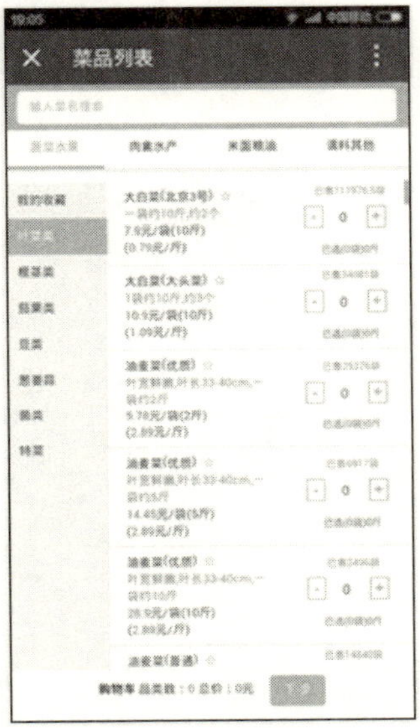

选择菜品和菜品数量

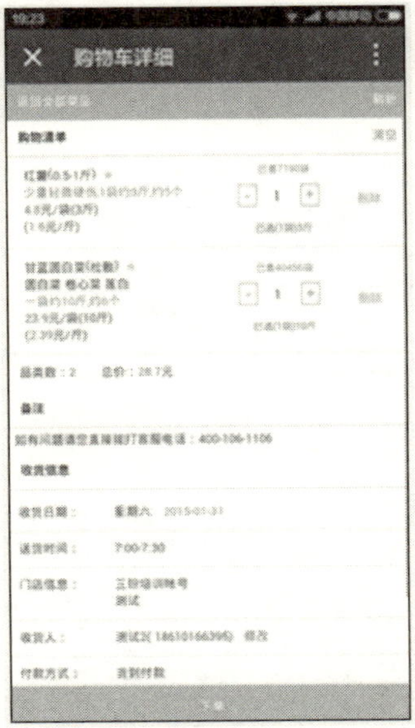

购物车详细

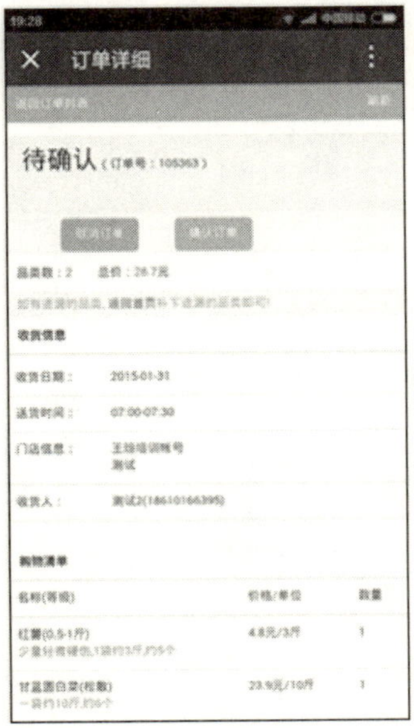

订单详细

②进入美菜公众号，点击我的订单进入订单列表页面，查询订单。

③查找所需订单的日期，点击进入后可查看购物清单，内容包括菜品名称，规格、描述、价格、数量、总品类数、总价、收货信息等。

第七章　餐饮App采购

章前指引

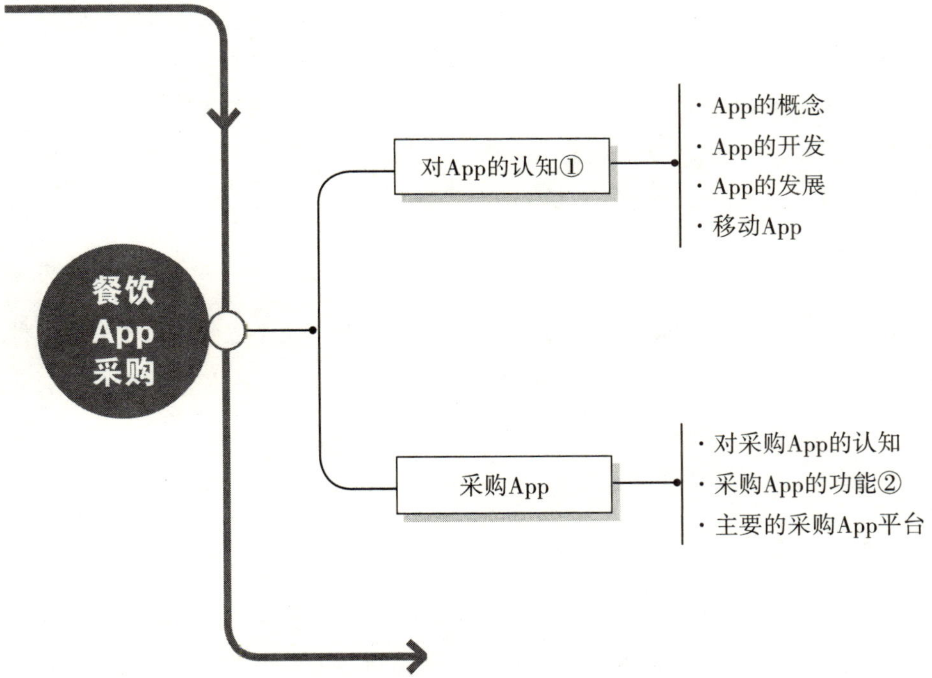

图示说明：

① 现在人们的生活基本离不开App，衣食住行可以通过各种App解决，同样，餐饮企业可以通过App进行采购。

② 采购App的应用，帮助中小餐馆将食材的采购渠道进行了最大化的压缩与精简，客户只需登录平台订购，所需食材就能配送上门，在很大程度上节约了成本。

（一）对App的认知

随着智能手机和各种数码终端的普及，移动互联网已经融入了我们的生活，品类繁多的App正在潜移默化地改变着我们的生活方式，衣食住行、生活娱乐，无所不在。就连采购，消费者都已经可以随时随地通过各种购物App来进行。

1. App的概念

如今已进入移动互联网时代，它是每个人的时代，也是每个企业的时代。App便捷了每个人的生活，App开发让每个企业都开始了移动信息化进程。

App是Application的缩写，俗称“客户端”。一开始App只是作为一种第三方应用的合作形式参与到互联网商业活动中去，之后随着互联网的开放以及智能手机的流行，App成了很流行的第三方应用程序。

2. App的开发

App开发，是指手机应用软件的开发。苹果公司的App Store开创了手机软件业发展的新篇章，使得第三方软件的提供者参与其中的积极性空前高涨。随着智能手机的普及，用户越来越依赖手机软件商店，App开发的市场需求也蓬勃增长，发展前景一片光明。到2012年12月，App开发已变为红海市场。

3. App的发展

随着互联网的发展，App作为一种盈利模式开始被更多的互联网商业大亨看重，一方面可以积聚各种不同类型的网络受众，另一方面可以借助App平台获取流量，其中包括大众流量和定向流量。

随着智能手机和iPad等移动终端设备的普及，人们逐渐习惯了使用App上网的方式，而目前国内各大电商均拥有了自己的App，这标志着App的商业使用已经逐渐普及。

4. 移动App

移动App，也就是移动应用服务，是指针对手机的业务或者无线网卡业务而开发的应用服务，简单地说就是手机或无线工具的应用服务。

移动App具有下图所示的优点。

01 移动App用户增长速度快、经济能力强、思维活跃

02 移动App可整合LBS（基于位置的服务）、QR（二维码的一种）、AR（增强现实技术）等新技术，带给用户前所未有的用户体验

03 移动App基于手机的随时性、互动性特点，容易通过微博、SNS（社交网络服务）等方式进行分享和传播，实现裂变式增长

04 移动App的开发成本比传统营销手段成本更低

05 通过新技术以及数据分析，移动App可精准定位企业目标用户，实现低成本快速增长

06 用户手机安装移动App以后，企业即埋下一颗种子，可持续与用户保持联系

移动App的优点

（二）采购App

餐饮企业使用移动互联网采购是大势所趋，采购App可以帮助餐饮采购人员更加方便快捷地做生意，是移动时代餐饮采购人员必不可少的掌上武器。

1. 对采购App的认知

采购App是一个手机平台，通过这个平台可以让餐饮企业依据需要采购的各种食材在平台上下单预订，平台接到订单后负责统一配送上门。这种方式可以在为餐饮企业提供质优价廉的食材的同时，为其节省时间和采购成本。采购App的出现，为餐饮企业采购食材开创了新模式。

2. 采购App的功能

目前餐饮业大都采取传统的市场选货的采购方式，在采购、运输、结算等相关环节上普遍存在着下图所示的弊端。

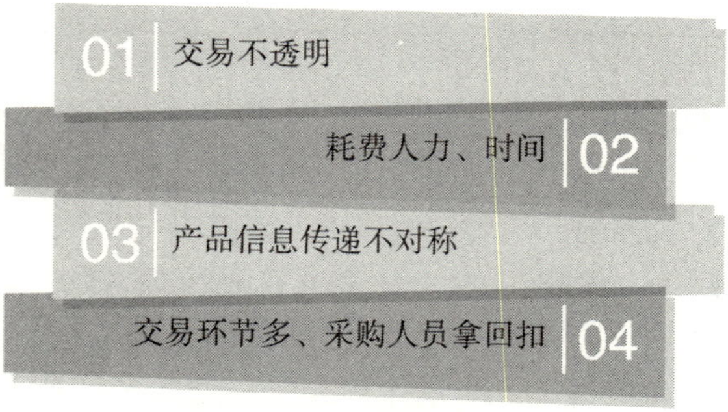

传统采购方式的弊端

以上这些问题都直接影响着餐饮企业的经营管理，而采购App的出现可以减少中间环节，让交易变得透明、高效、数据化。

采购App的应用，帮助中小餐馆将食材的采购渠道进行了最大化的压缩与精简，客户只需登录平台订购，所需食材就能配送上门，免去了因量小类多需多处购买食材的麻烦，从而替中小餐馆节约了时间和交通成本。

3. 主要的采购App平台

适合目前大多数餐饮企业采购用的App主要有如下几种。

（1）链农。

链农是餐饮商家全品类原材料的供应商，其致力于运用互联网的优势，使得新鲜的蔬菜更高效、更优质、更低价地从田间地头送到餐厅。

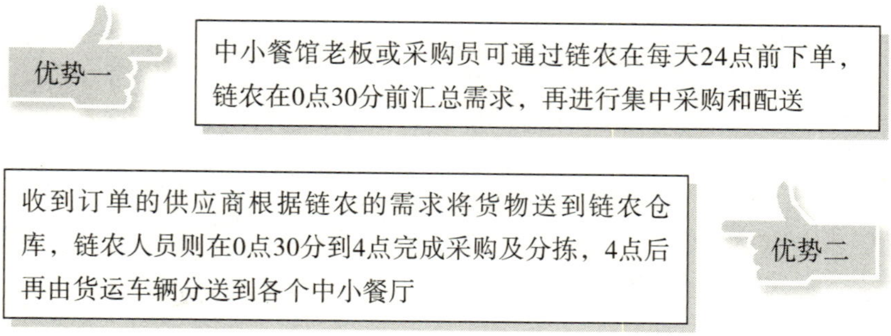

链农的优势

链农App首页

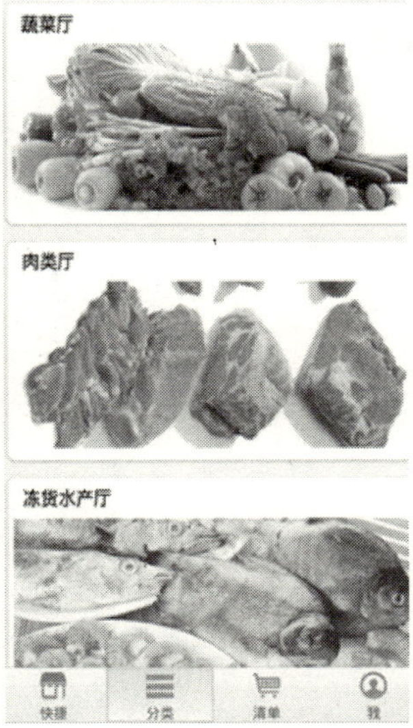

菜品分类页面

菜品选择页面

自2014年6月成立以来，链农人员扩张很快，已达200人，其中有60%是采购、分拣、配送的人。在链农的需求中，蔬菜品类占30%，其次是冷冻货物，最后是调料。

链农能赢得中小餐馆的青睐，原因是中小餐馆有以下两个。

链农为何能得到中小餐馆的青睐

餐饮行业还存在猫腻——回扣，这也是餐饮企业老板深恶痛绝的，通过类似链农这样的平台采购，由于价格透明，因此可避免餐饮企业老板最反感的回扣事件的发生。

（2）天平派。

天平派是一款餐厅食材配送的App。用户在线下单后，配送人员会在次日根据餐厅的规定时间送货上门。只要在线下单，系统就会及时处理订单信息，第一时间送货上门，解决餐饮行业缺菜、少菜的问题。

天平派App菜品分类页面　　　菜品选择页面　　　查看店铺

天平派具有如下特色。

特色一：为用户提供了海量优质的新鲜蔬菜资源

特色二：天平派商城涵盖了蔬菜、肉类、冻货类、熟食、调料、米面粮油、餐厨用品、一次性用品、酒水、水果等品类，新鲜优质，货真价实，货比三家，对所售商品进行专业的质量监管，并制定了食材购销服务标准

特色三：餐饮企业可通过App下单，建议在当天24:00之前完成订单，第二天上午天平派会根据餐厅规定的时间配送

天平派的特色

（3）美菜商城。

美菜商城是一款餐饮食材配送类手机软件，主要为广大餐饮企业提供新鲜蔬菜、肉类、鱼类等生鲜食材，还有粮油、调料等，选购方便，送货速度快，食材新鲜，让餐饮企业负责人足不出户就能购得好食材。

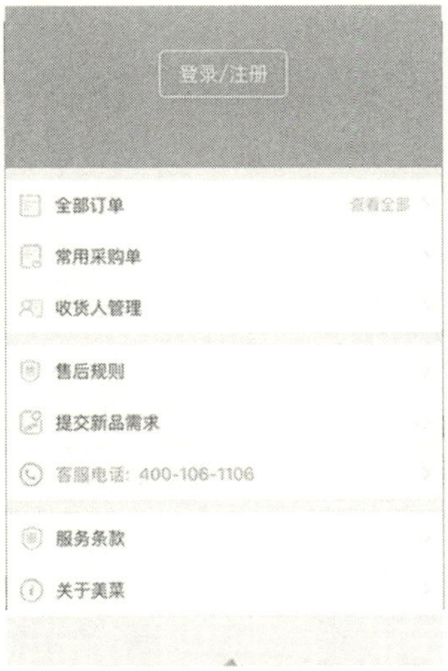

美菜商城注册页面

美菜商城首页

食材选择页面

美菜商城专注于打通从地头到终端的农产品供应链，全流程精细化管控菜品从田间到餐桌的每一处细节，做到有源头可追溯。

（4）餐饮采购。

餐饮采购是一个详细介绍餐饮采购情况的平台，对于本地资讯、身边人、身边事，让你第一时间掌握，阅读简便，信息丰富，使用方便。

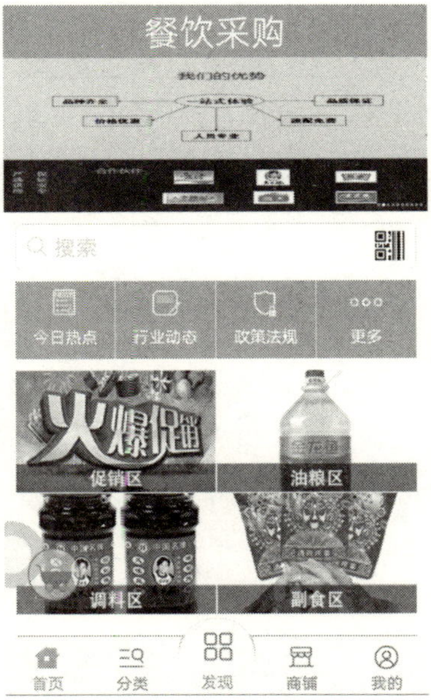

餐饮采购页面

餐饮采购产品分类页面

（5）优厨网。

优厨网是一个电商厨具服务平台，涵盖有关厨房的一切商品需求，手机用户可以一键搜索自己的商品信息，畅享优惠便捷的生活，买卖双方进行实名认证，实行先行赔付让安全交易有保障。

优厨网立足餐厨供应链，对接源头供应商，服务全国千万家餐饮企业，为餐馆、酒店、食堂的后厨采购提供轻松便捷、安全实惠的渠道。

（6）餐馆无忧。

餐馆无忧是一款专为餐馆打造的食材服务软件，为餐馆提供方便、快捷、安全的食材配送，满足餐馆对于食材的各种要求。

餐馆无忧具有如下应用特色：

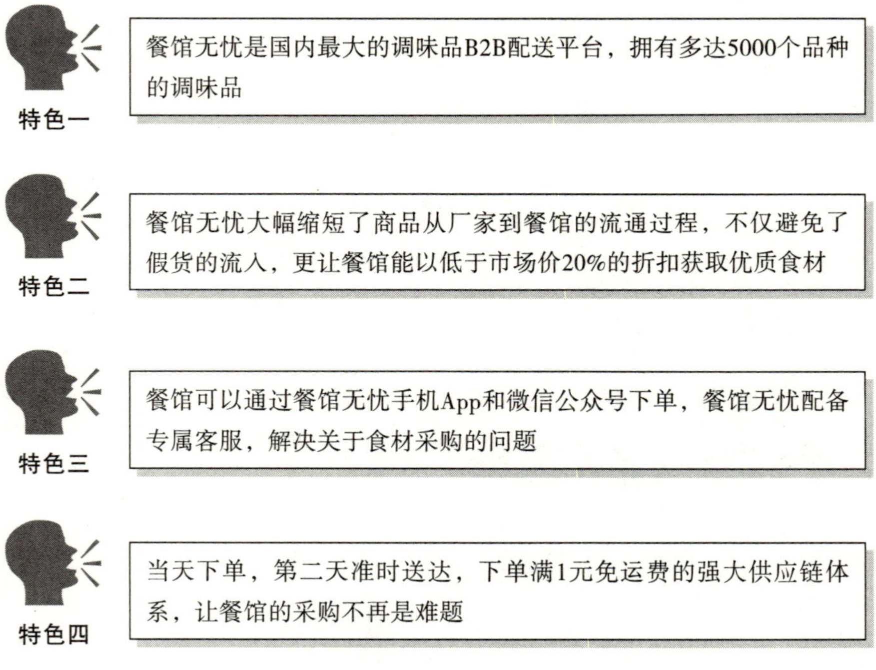

餐馆无忧的特色

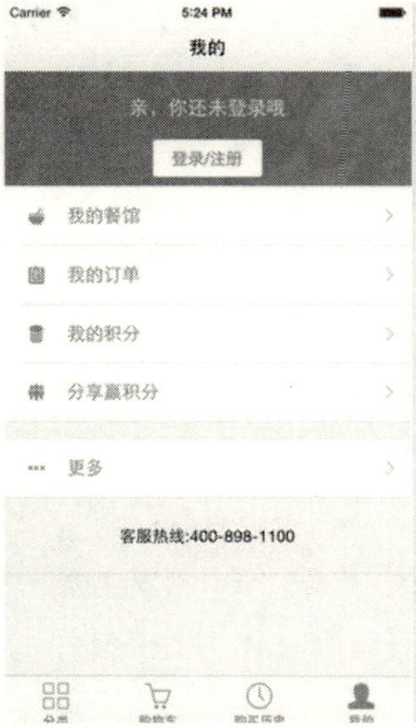

餐馆无忧用户管理页面

餐馆无忧商品分类页面

商品详情页

经典案例

××餐厅App的作用

××餐厅自主开发的App的功能如下。

1. 餐厅介绍

餐厅App对本餐厅的创立者、创立历史故事、创意来源、餐厅设计理念、餐厅服务理念等进行详细的介绍，让到餐厅就餐的客人感受到餐厅的人文气息。

2. 美食展示

将餐厅的每一道菜放到餐厅App的美食展示栏目中。餐厅制作好美味佳肴，然后使用像素较高的相机拍下每一道经过精心烹饪的美食。经过后期微调修图，将色香味俱全的美食展示在餐厅App上，让客人可以在等待上菜的时候阅览美食图片，让他们对餐厅的美食更加充满期待。

3. 资讯导航

在餐厅App上能够设置资讯导航栏目，让客人轻松找到自己感兴趣的资讯。

4. 订位点餐

有了订位点餐功能，客人就可以在在App上下单预订餐厅位子，以及订好当天的就餐品类，方便快捷，为客人解决了预订餐厅位子难、选菜时间长等问题。

5. 用餐点评

客人在餐厅App上还可以进行详细的点评以及商客互动，点评作为反馈信息回馈给餐厅，餐厅能够根据客人的点评改善餐厅运营情况，提升自己的市场竞争力，树立亲民形象。

6. 优惠推送

定期发布优惠信息，并且推送给每个餐厅App的用户。并利用点评信息分析出最受欢迎的菜色，推送客人喜闻乐见的菜式优惠信息。

7. 一键呼叫

到餐厅就餐的客人，在用餐过程中需要服务的时候，可以直接点击手机App上的一键呼叫功能，再也不用挥手大叫服务员了。

8. 手机定位

餐厅App还可以装置LBS定位系统，对用户手机进行定位，计算出此刻用户距离餐厅多远，客人还需要走多少路。

第三部分

互联网+餐饮店支付

第八章 微信支付

章前指引

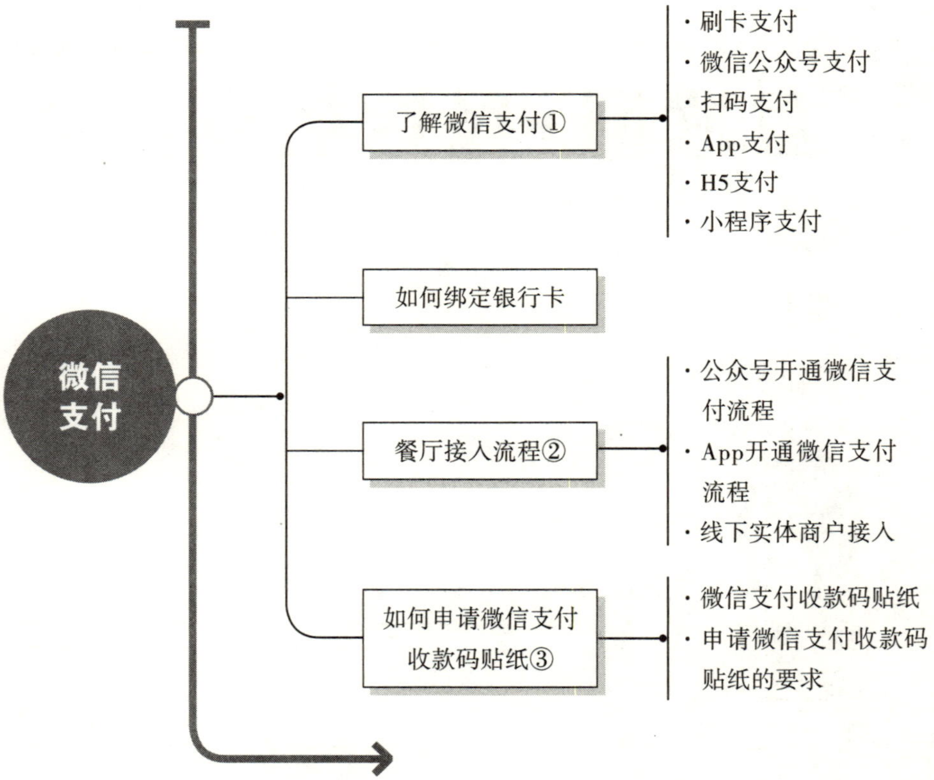

图示说明：

①微信支付已是人们最常用的支付方式之一，目前微信支付已具备多种支付类型。

②餐厅接入微信支付时，应先确定选择哪种支付类型，再确定具体流程。

③微信支付收款码贴纸是微信支付官方推出的，申请收款码贴纸需要进行实名认证。

（一）了解微信支付

微信支付是通过在微信客户端实现的支付功能，顾客可以通过手机快速完成支付流程。微信支付以绑定银行卡的快捷支付为基础，向顾客提供安全、快捷、高效的支付服务。

顾客只需在微信中关联一张银行卡，并完成身份认证，即可将装有微信App的智能手机变成一个全能钱包，然后就能购买合作餐饮企业的商品及服务，顾客在支付时只需在自己的智能手机上输入密码，无须任何刷卡步骤即可完成支付，整个过程简便流畅。

目前微信支付已支持刷卡支付、扫码支付、公众号支付、App支付，并提供企业红包、代金券、立减优惠等营销新工具，满足顾客及餐饮企业在不同支付场景中的需求。目前微信支付支持的手机系统有：iOS、Android和WP（Windows Phone）。

1. 刷卡支付

刷卡支付即顾客打开微信钱包的付款界面，餐饮企业扫码后完成支付，刷卡支付的步骤如下图所示。

1. 顾客选择刷卡支付并打开微信，进入我→钱包→收付款条码界面
2. 收银员在餐饮企业系统操作生成支付订单，顾客确认支付金额
3. 餐饮企业收银员用扫码设备扫描顾客的条码，然后在餐饮企业收银系统提交支付请求
4. 微信支付后台系统收到支付请求，根据验证密码规则判断是否验证顾客的支付密码，不需要验证密码的交易直接发起扣款，需要验证密码的交易会弹出密码输入框
5. 支付成功后微信端会弹出成功页面，支付失败会弹出错误提示

刷卡支付的步骤

我的钱包

收付款

输入密码

支付成功

2. 微信公众号支付

顾客通过餐饮企业推送的信息或扫描二维码在微信内打开网页时，可以调用微信支付完成下单的流程，具体步骤如下图所示。

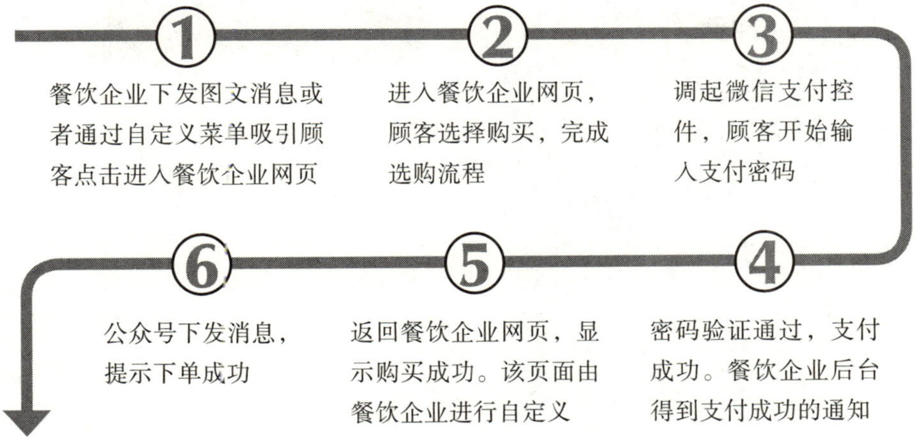

微信公众号支付步骤

餐饮企业也可以把餐厅网页的链接生成二维码，顾客扫一扫打开后即可完成购买支付。

3. 扫码支付

顾客扫描餐饮企业展示在各种场景中的二维码进行支付，具体步骤如下。

步骤一：餐饮企业根据微信支付的规则，为不同商品生成不同的二维码，展示在各种场景中，方便顾客扫描后支付。

菜品二维码

步骤二：顾客使用微信扫一扫扫描二维码后，获取商品支付信息，在信息的引导下完成支付。

微信扫一扫

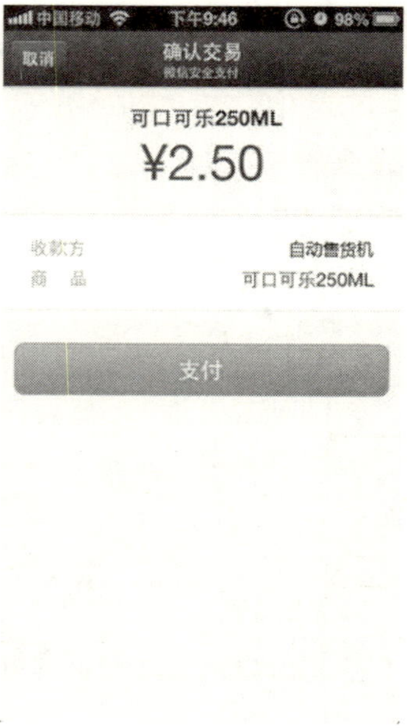

确认交易页面

步骤3：顾客确认支付，输入支付密码。

步骤4：支付完成后会提示顾客支付成功，餐饮企业后台得到支付成功的通知，然后进行发货处理。

输入密码

支付成功

4. App支付

App支付适用于餐饮企业在移动端App中实现微信支付功能。

餐饮企业App调用微信支付模块，会跳转到微信中完成支付，支付完后跳回到餐饮企业App内，最后展示支付结果。

具体步骤如下。

1. 顾客进入餐饮企业App，选择商品下单并确认购买，进入支付环节。餐饮企业服务后台生成支付订单，签名后将数据传输到App端
2. 顾客点击后发起支付操作，进入微信界面，点击微信支付模块，出现确认支付界面
3. 顾客确认收款方和金额，点击“支付”后出现输入密码界面，可选择零钱或银行卡支付
4. 输入正确密码后，支付完成，顾客端微信出现支付详情页面
5. 跳回到餐饮企业App中，餐饮企业App根据支付结果个性化展示订单处理结果

App支付的步骤

5. H5支付

H5支付是指餐饮企业在微信客户端外的移动端网页展示商品或服务，顾客在前述页面确认使用微信支付时，餐饮企业发起本服务，顾客在微信客户端进行支付。

H5支付主要用于触屏版的手机浏览器请求微信支付的场景。可以方便地从外部浏览器唤起微信支付。

6. 小程序支付

小程序支付，是指餐饮企业在微信小程序平台内实现支付功能。

拓展阅读

微信小程序团队：将完成全流程零售O2O闭环

2017年6月14日，微信团队首次对外解读了小程序应用于零售领域的运营规则，并透露了小程序下一阶段的三方面规划：对小程序开发者进行生态支持，进一步完善能力与开发配套系统，以及提升连接能力。

小程序于2017年4月上线门店小程序及附近小程序，以便更容易被微信用户发现和找到。同时微信开放了小程序第三方平台，推出小程序码、公众号关联小程序、小程序自定义关键词等功能。接下来在进一步提升连接能力方面，小程序团队解释称，比如注册认证渠道和第三方平台能力更便捷丰富，各类接口、数据分析等更好用，微信自身产品连接和更多跨行业连接也更顺畅。

微信公开课讲师于洪潇称，通过整合附近的小程序、扫一扫、卡包、微信支付、社交分享等功能，可以打造集会员识别、自助买单、数据沉淀、精准营销、服务提醒于一体的小程序零售模式，让商家更快地实现会员、门店、营销和电商的打通。

微信团队表示，目前小程序已经针对快消零售行业推出了"支付+小程序""支付+会员""支付+单品""支付+大数据"等营销模式方案，商家可以通过微信支付转化线下流量，借助支付即会员实现更精准的会员运营模式，借助"支付+单品"模式，从广告触及到店识别、支付用券、购后领券、数据沉淀、二次触达，完成商品数据打通，打造全流程的零售O2O闭环。

拓展阅读

如何创建微信小程序

如何创建一个微信小程序，并可以在手机上体验该小程序的实际效果呢？这个小程序的首页将会显示欢迎语以及当前用户的微信头像，点击头像，可以在新开的页面中查看当前小程序的启动日志。

具体步骤如下。

1. 获取微信小程序的AppID

登录https://mp.weixin.qq.com，就可以在网站的设置→开发者设置中，查看到微信小程序的AppID了，注意不可直接使用服务号或订阅号的AppID 。

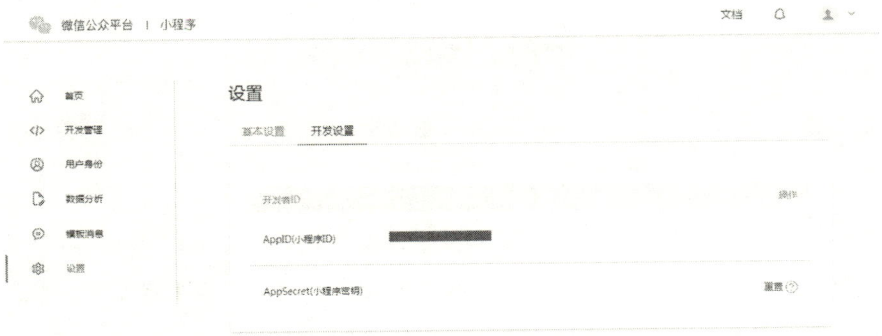

小程序设置页面

注意：如果要以非管理员微信号在手机上体验该小程序，那么我们还需要绑定开发者。即在用户身份→开发者模块中绑定需要体验该小程序的微信号。本教程默认注册账号、体验都是使用管理员微信号。

2. 创建项目

我们需要通过开发者工具来完成小程序创建和代码编辑。

开发者工具安装完成后，打开并使用微信扫码登录。选择创建项目，填入AppID，设置一个本地项目的名称（非小程序名称），比如“我的第一个项目”，并选择一个本地的文件夹作为代码存储的目录，点击“新建项目”就可以了。

为方便初学者了解微信小程序的基本代码结构，在创建过程中，如果选择的本地文件夹是个空文件夹，开发者工具会提示是否需要创建一个quick start（快速启动）项目。选择是，开发者工具会帮助我们在开发目录里生成一个简单的demo（样片）。

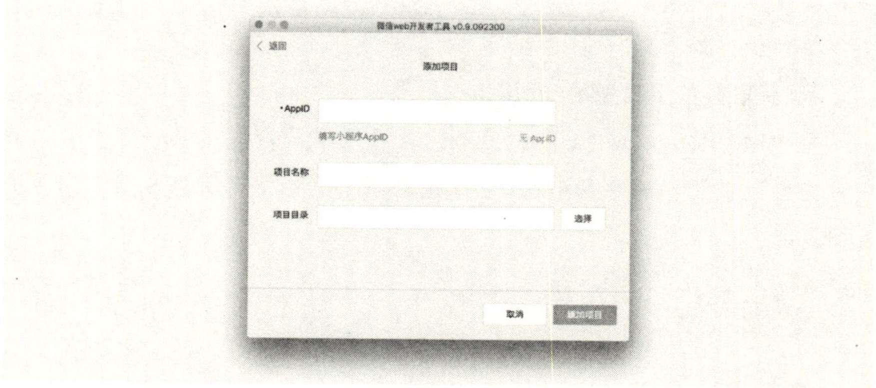

添加项目页面

项目创建成功后，我们就可以点击该项目，进入并看到完整的开发者工具界面，点击左侧导航，在编辑里可以查看和编辑我们的代码，在调试里可以测试代码并模拟小程序在微信客户端上的效果，在项目里可以将小程序发送到手机里预览实际效果。

3. 编写代码

创建小程序实例：

点击开发者工具左侧导航的编辑，我们可以看到这个项目已经初始化并包含了一些简单的代码文件。最关键也是必不可少的，是app.js、app.json、app.wxss 这三个。其中，.js后缀的文件是脚本文件，.json后缀的文件文件是配置文件，.wxss后缀的文件是样式表文件。微信小程序会读取这些文件，并生成小程序实例。

下面我们简单了解这三个文件的功能，方便修改以及从头开发自己的微信小程序。

app.js是小程序的脚本代码。我们可以在这个文件中监听并处理小程序的生命周期函数，声明全局变量，调用框架提供的丰富的API，如同步存储及同步读取本地数据。

```
//app.js
App({
  onLaunch: function () {
    //调用API从本地缓存中获取数据
    var logs = wx.getStorageSync('logs') || []
    logs.unshift(Date.now())
    wx.setStorageSync('logs', logs)
  },
  getUserInfo:function(cb){
    var that = this;
    if(this.globalData.userInfo){
      typeof cb == "function" && cb(this.globalData.userInfo)
    }else{
      //调用登录接口
      wx.login({
        success: function () {
          wx.getUserInfo({
            success: function (res) {
              that.globalData.userInfo = res.userInfo;
              typeof cb == "function" && cb(that.globalData.userInfo)
            }
          })
        }
      });
    }
  },
  globalData:{
    userInfo:null
  }
})
```

app.js代码

app.json是对整个小程序的全局配置。我们可以在这个文件中配置小程序由哪些页面组成，配置小程序的窗口背景色，配置导航条样式，配置默认标题。注意，该文件不可添加任何注释。

```
{
  "pages":[
    "pages/index/index",
    "pages/logs/logs"
  ],
  "window":{
    "backgroundTextStyle":"light",
    "navigationBarBackgroundColor": "#fff",
    "navigationBarTitleText": "WeChat",
    "navigationBarTextStyle":"black"
  }
}
```

app.json代码

app.wxss 是整个小程序的公共样式表。我们可以在页面组件的 class 属性上直接使用 app.wxss 中声明的样式规则。

```
/**app.wxss**/
.container {
  height: 100%;
  display: flex;
  flex-direction: column;
  align-items: center;
  justify-content: space-between;
  padding: 200rpx 0;
  box-sizing: border-box;
}
```

app.wxss代码

在这个教程里，我们有两个页面，index页面和logs页面，即欢迎页和小程序启动日志的展示页，它们都在pages目录下。微信小程序中的每一个页面的“路径+页面名”都需要写在app.json的pages中，且pages中的第一个页面是小程序的首页。

每一个小程序页面是由同路径下同名的四个不同后缀文件组成的，如index.js、index.wxml、index.wxss、index.json。.js后缀的文件是脚本文件，.wxss后缀的文件是样式表文件，.wxml后缀的文件是页面结构文件，.json后缀的文件是配置文件。

index.wxml是页面的结构文件。

```
<!--index.wxml-->
<view class="container">
  <view  bindtap="bindViewTap" class="userinfo">
    <image class="userinfo-avatar" src="{{userInfo.avatarUrl}}" background-size="cover"></image>
    <text class="userinfo-nickname">{{userInfo.nickName}}</text>
  </view>
  <view class="usermotto">
    <text class="user-motto">{{motto}}</text>
  </view>
</view>
```

index.wxml代码

本例中使用了<view/><image/><text/>来搭建页面结构，绑定数据和交互处理函数。

index.js是页面的脚本文件，在这个文件中我们可以监听并处理页面的生命周期函数，获取小程序实例，声明并处理数据，响应页面交互事件等。

```
//index.js
//获取应用实例
var app = getApp()
Page({
  data: {
    motto: 'Hello World',
    userInfo: {}
  },
  //事件处理函数
  bindViewTap: function() {
    wx.navigateTo({
      url: '../logs/logs'
    })
  },
  onLoad: function () {
```

index.js代码

```
    console.log('onLoad')
    var that = this
    //调用应用实例的方法获取全局数据
    app.getUserInfo(function(userInfo){
      //更新数据
      that.setData({
        userInfo:userInfo
      })
    })
  }
})
```

小程序首页编辑代码

index.wxss 是页面的样式表。

```
/**index.wxss**/
.userinfo {
  display: flex;
  flex-direction: column;
  align-items: center;
}

.userinfo-avatar {
  width: 128rpx;
  height: 128rpx;
  margin: 20rpx;
  border-radius: 50%;
}

.userinfo-nickname {
  color: #aaa;
}

.usermotto {
  margin-top: 200px;
}
```

index.wxss代码

页面的样式表是非必要的。当有页面的样式表时，页面的样式表中的样式规则会层叠覆盖app.wxss中的样式规则。如果不指定页面的样式表，也可以在页面的结构文件中直接使用app.wxss中指定的样式规则。

index.json是页面的配置文件。

页面的配置文件是非必要的。当有页面的配置文件时，配置项在该页面会覆盖app.json的window中相同的配置项。如果没有指定的页面配置文件，则在该页面直接使用app.json中的默认配置。

logs的页面结构见下图。

```
<!--logs.wxml-->
<view class="container log-list">
  <block wx:for="{{logs}}" wx:for-item="log">
    <text class="log-item">{{index + 1}}. {{log}}</text>
  </block>
</view>
```

logs.wxml代码

logs页面使用<block/>控制标签来组织代码，在<block/>上使用wx:for绑定logs数据，并将logs数据节点循环展开。

```
//logs.js
var util = require('../../utils/util.js')
Page({
  data: {
    logs: []
  },
  onLoad: function () {
    this.setData({
      logs: (wx.getStorageSync('logs') || []).map(function (log) {
        return util.formatTime(new Date(log))
      })
    })
  }
})
```

logs.js代码

运行结果如下图所示。

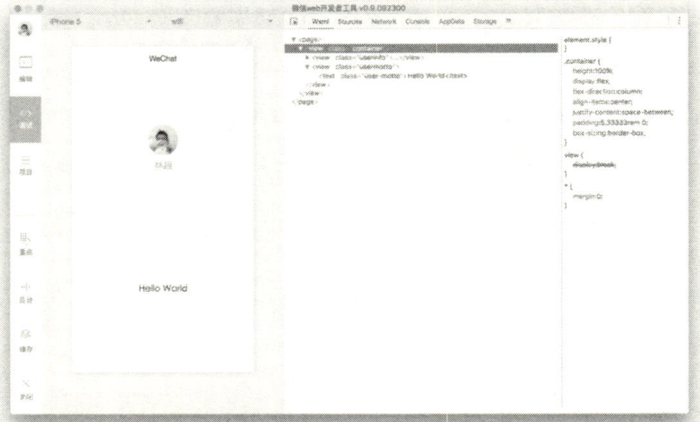

运行结果

4. 手机预览

在开发者工具左侧菜单栏中选择“项目”，点击“预览”，扫码后即可在微信客户端中体验。

运行结果的手机预览

（二）如何绑定银行卡

在微信支付上绑定银行卡只需要以下六个步骤。

步骤一：打开微信，进入我选项，点击钱包，如下图所示。

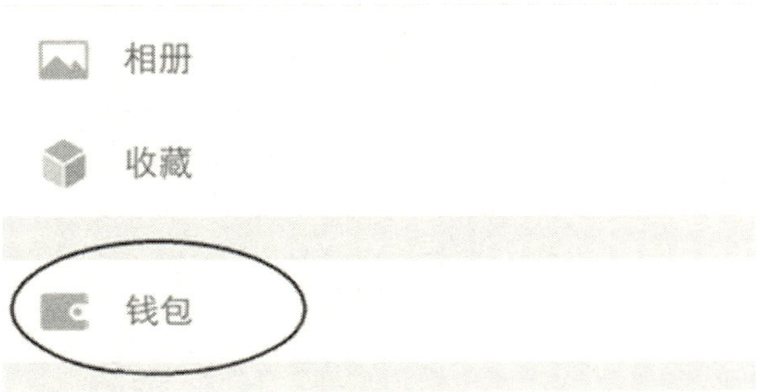

点击钱包

步骤二：进入钱包选项后，点击右上角的银行卡，再进入到我的银行卡选项后，点击添加银行卡便可设置密码。

步骤三：根据提示输入银行卡的持卡人姓名和卡号，如图所示。

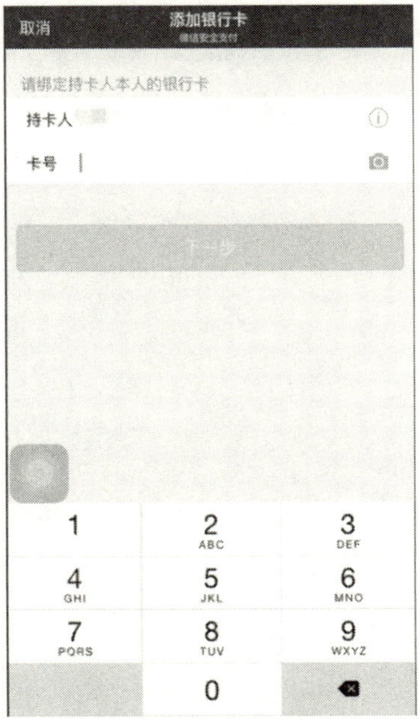

添加银行卡

步骤四：填写银行卡类型、手机号码，进行绑定，如图所示。

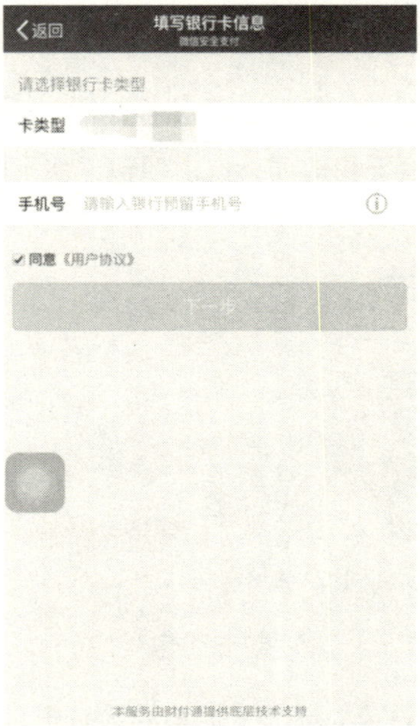

填写银行卡信息

步骤五：手机会收到一条附带验证码的短信，填写后确认，如图所示。

验证手机号

步骤六：两次输入，完成设置支付密码，银行卡绑定成功，如下图所示。

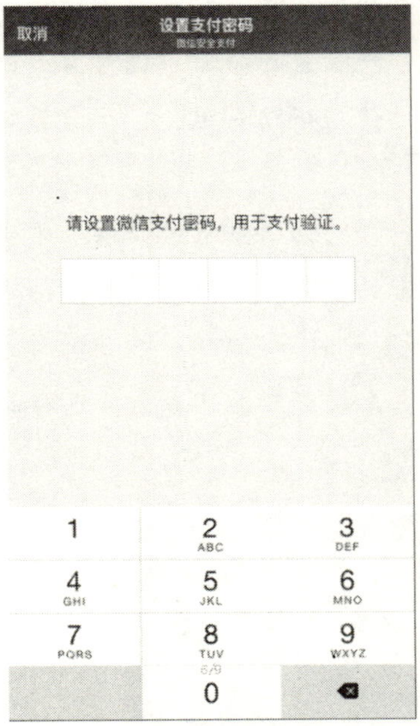

设置支付密码

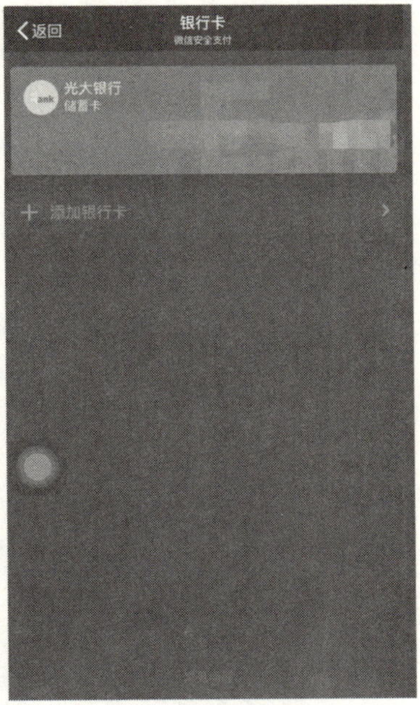

绑定成功

经典案例

真功夫开通微信支付后鸟枪换炮，大幅提升收银效率

如今全国大中城市有很多门店的收银台已经启用移动支付，不少顾客都可以不带现金出门了，科技的进步越来越多地给人们带来了高效的支付体验。所以，知名餐饮企业真功夫就在这点上狠下功夫，把全国门店中的扫码枪统一换成微信支付的小白盒。

当你进入一家真功夫吃饭，付账时就会发现跟往常不太一样。以前总是店员用扫码枪扫顾客的二维码来扣钱，现在自己将二维码对着小白盒就行了，付完款小白盒还会语音播报“欢迎使用微信支付”，而店员则端来你想要的饭菜，整个付款过程节奏有致。

这次是真功夫的总公司接入微信支付后，由微信官方提供二维码支付小白盒，正好赶上真功夫下决心提升顾客的就餐体验，就统一把扫码枪更换成微信小白盒。鼓励顾客在使用微信和支付宝等买单时，自己操作完成扫码支付的动作。经过几天的使用，真功夫发现顾客其实更愿意这样的支付方式。

以前真功夫统一使用扫码枪，那种拿着枪等着扫顾客二维码的感觉很像是在催促顾客，客人容易产生心理压力，现在用了这个小白盒，只要指导顾客自助完成支付就行，扫完码还会语音播报付款金额，而店员则可以腾出手来帮顾客拿餐，这在高峰时段解决了很大的问题，等于让店里多了一个帮手。

（三）餐厅接入流程

1. 公众号开通微信支付流程

微信支付（商户功能），是公众平台向有出售物品需求的公众号提供推广销售、支付收款、经营分析的整套解决方案。商户通过自定义菜单、关键字回复等方式向订阅用户推送商品消息，用户可在微信公众号中完成选购支付的流程。商户也可以把商品网页生成二维码，粘贴在线下的场景中。用户扫描后可打开商品详情，在微信中直接购买。

（1）申请条件。

申请成为公众号支付商户必须满足两个条件，如下图所示。

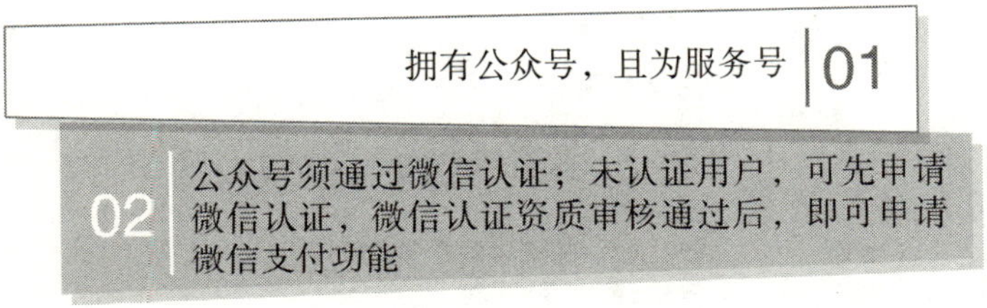

微信支付申请条件

（2）申请具体流程。

微信支付申请具体流程如下图所示。

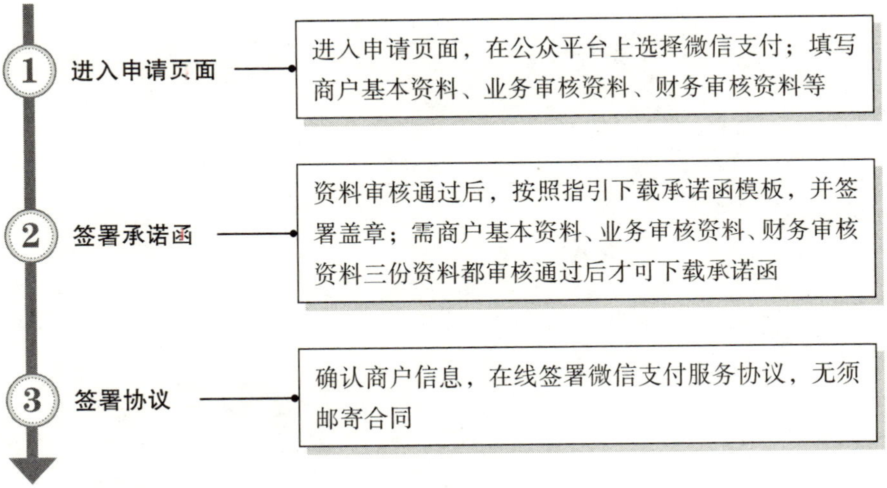

微信支付申请具体流程

在微信支付的申请过程中，需要注意下图所示事项。

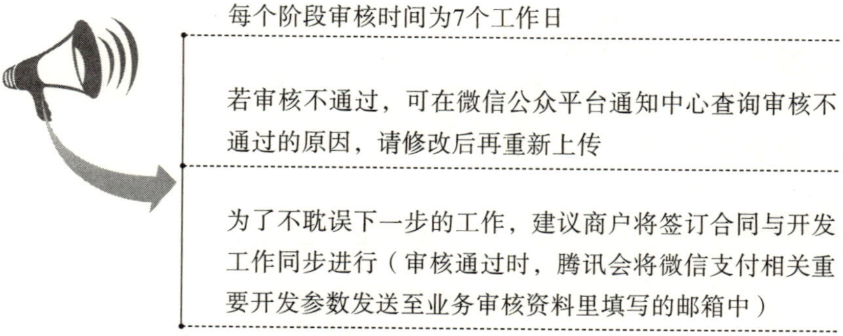

微信支付申请过程中的注意事项

2. App开通微信支付流程

App开通微信支付有三个步骤，如图所示。

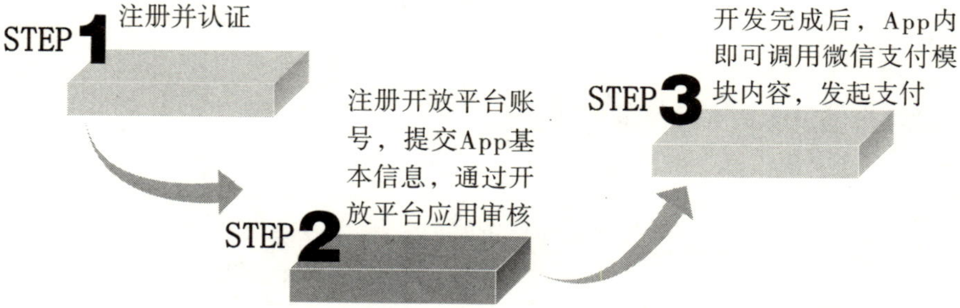

App开通微信支付的步骤

3. 线下实体商户接入

线下实体商户可向微信支付服务商直接申请，所需条件有两个，如下图所示。

线下实体商户接入微信支付的条件

（四）如何申请微信支付收款码贴纸

1. 微信支付收款码贴纸

微信收款码贴纸是微信支付官方为了方便用户收款所推出的可粘贴在收银台等地方的贴纸。

微信收款码贴纸

2. 申请微信支付收款码贴纸的要求

申请用户需提前在微信支付里面进行实名认证，点击我的钱包的右上角的三个点，在出现的菜单里点击支付管理，即可进行实名认证。

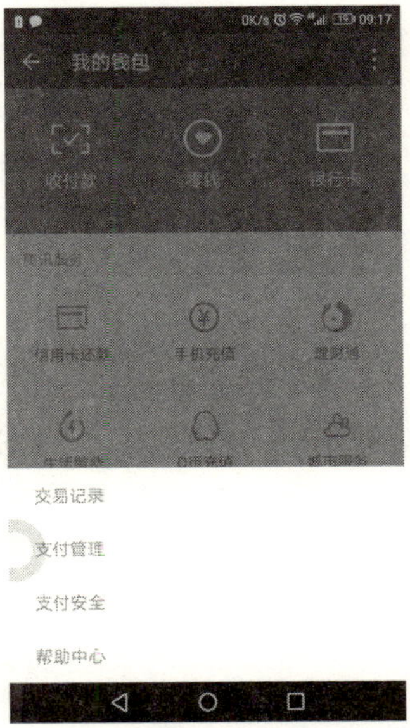

我的钱包

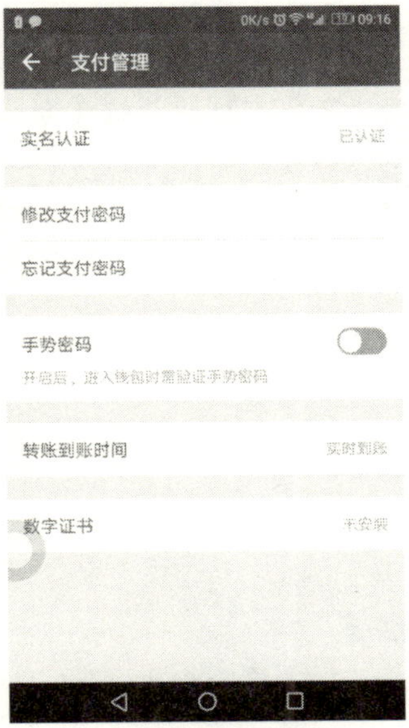

支付管理

经典案例

微信支付与麦当劳合作：智慧化餐厅

微信支付和麦当劳的合作开启了。这一次，微信支付又直接“包”了一整家麦当劳门店。

顾客进入一家麦当劳门店用餐，一般需要经过3个阶段：点餐—支付—用餐。微信支付显而易见也对用户用餐流程进行了琢磨：用户到店先摇一摇获得优惠券，然后直接找座位入座，扫桌面的二维码用微信点餐后直接使用刚获得的优惠券支付，支付完还可以和好友互动分享，将麦当劳优惠券等信息分享给其他好友，真正实现了数字化用餐。

除此之外，麦当劳的微信支付旗舰店内，从店头到店面，从餐桌到装饰，每个设计细节不但将微信支付简约、时尚的气质与麦当劳的经典设计进行了融合，更是在智慧餐厅的实践上融入了麦当劳快乐、分享的品牌理念；不仅完成了麦当劳支付方式的升级，还将微信红包、微信转账、点赞、摇一摇等微信独有的基于社交分享的产品体验融入了整个用餐体验，打造出“快乐不止一点”的别具一格的智慧餐厅体验。这家店成为麦当劳全球首家微信智慧餐厅，获得了用户广泛的关注，相信微信支付也会将其作为微信智慧餐厅的一个范本，对于其他餐厅，甚至是其他传统的线下门店都能提供可复制性的营销经验。

第九章　支付宝支付

章前指引

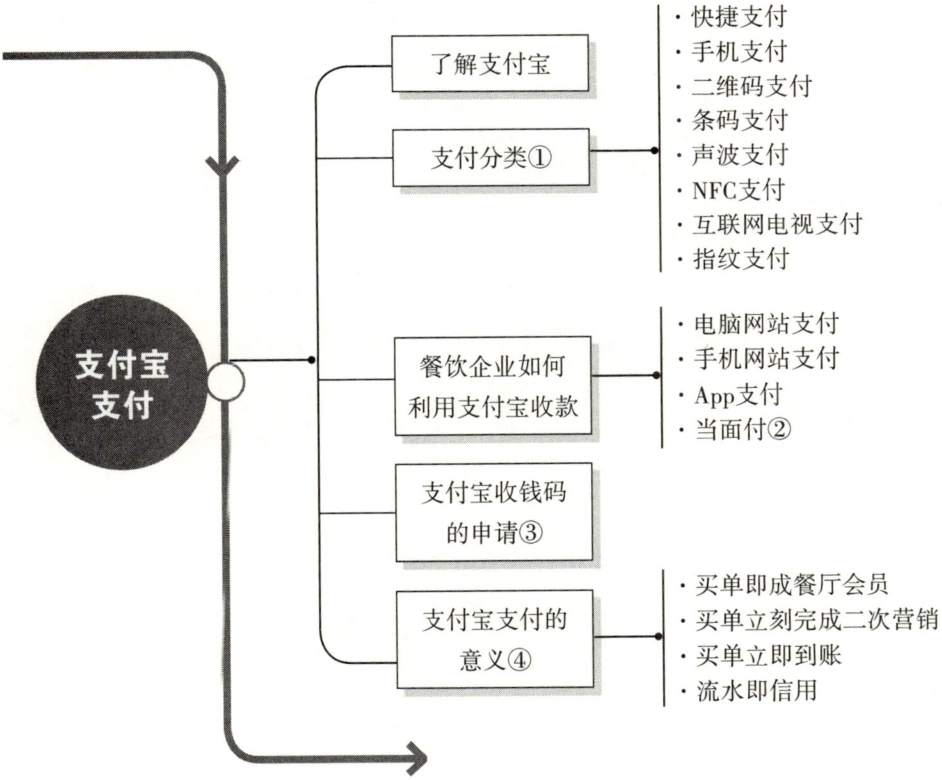

图示说明：

①移动支付已越来越普遍，餐饮企业老板要开通支付宝支付必须先了解其分类。

②现在的餐饮企业一般会把支付宝的收钱码贴在收银台上，方便顾客付款，而顾客只需打开支付宝扫码就能轻松付款。

③餐饮企业老板须了解在不同情况下申请收钱码的方法。

④对餐饮企业来说，支付宝支付具有四个意义。

（一）了解支付宝

1. 简介

支付宝（中国）网络技术有限公司（简称“支付宝公司”）是国内领先的第三方支付平台，致力于提供简单、安全、快速的支付解决方案，旗下有支付宝与支付宝钱包两个独立品牌，自2014年第二季度开始成为当前全球最大的移动支付厂商。

支付宝主要提供支付及理财服务，包括网购担保交易、网络支付、转账、信用卡还款、手机充值、水电煤缴费、个人理财等多个领域。在进入移动支付领域后，为零售百货、电影院线、连锁商超和出租车等多个行业提供服务，还推出了余额宝等理财服务。

支付宝与国内外180多家银行以及VISA、MasterCard国际组织等机构建立战略合作关系，成为金融机构在电子支付领域里最为信任的合作伙伴。

2. 线下服务

2013年11月起，全国29家银泰百货、银泰城门店都可以使用支付宝钱包付款。

2013年12月开始，美宜佳、红旗连锁、喜士多、7-11等多家连锁便利店企业陆续支持支付宝支付，北京出租车司机也开始接受支付宝付打车费，随后，万达影院、大悦城、王府井等全国大型零售企业、电影院、KTV和餐饮企业都接入了支付宝。

（二）支付分类

支付宝支付主要分为以下几类。

1. 快捷支付

快捷支付是指支付机构与银行合作形成的一个高效、安全、专用（消费）的支付方式。在推出快捷支付之前，大部分网络支付借由网络银行完成，但网络银行存在支付成功率低、安全性低等固有问题。此外，除了大银行之外，国内1000多家银行中仍有大量城镇银行未提供网银服务。

快捷支付解决了上述问题，支付成功率达到95%以上，高于网银的65%左右；快捷支付用户资金由支付宝及合作保险公司承保，若出现资损可获得赔偿。

2010年12月，中国银行与支付宝推出第一张可使用快捷支付的信用卡。

2. 手机支付

2008年起支付宝开始介入手机支付业务，2009年推出首个独立移动支付客户端，2013年年初更名为“支付宝钱包”，并于2013年10月成为与支付宝并行的独立品牌。用户下载安装支付宝钱包，使用支付宝账号登录就能使用。

自2013年第二季度开始，支付宝钱包用户数、支付笔数均超过PayPal，成为全球最大支付平台。

3. 二维码支付

2010年10月，支付宝推出国内首个二维码支付技术，帮助电商从线上向线下延伸发展空间。使用时，用户在支付宝钱包内，点击扫一扫，对准二维码按照提示扫描就能完成。

支付宝条码支付

4. 条码支付

2011年7月1日，支付宝在广州发布条码支付（BarcodePay），适合便利店等场景使用。使用时，用户在支付宝钱包内点击付款码，收银员使用条码枪扫描该条码，即可完成付款。

5. 声波支付

2013年4月12日，支付宝与合作方青岛易触联合推出全球首个声波售货机，市面尚无同类支付技术。使用时，用户在支持声波支付的售货机等场景下，选择商品，然后在支付宝钱包内点击付款，在付款界面点击声波支付，按照提示完成支付。

6. NFC支付

2012年7月31日，支付宝推出使用NFC（近距离无线通信技术）、LBS（基于位置的服务）等技术的新客户端，随后这一客户端得到进一步改进。

2014年4月28日，支付宝钱包8.1版支持NFC功能，用户可以用于为北京公交一卡通充值。使用时，将公交卡等放置在具有NFC的安卓手机后，即可查询公交卡余额以及充值。

值得注意的是，支付宝移动支付均为远程在线支付方案，NFC在当中起到“近场握手、远程支付”的作用。

7. 互联网电视支付

2012年3月29日，华数传媒与支付宝推出互联网电视支付，实现3秒支付。使用时，先注册为华数会员，并关注服务窗号，然后使用支付宝钱包扫描电视上的二维码，完成支付。

8. 指纹支付

2014年7月16日，移动支付平台支付宝钱包宣布试水指纹支付服务，支付宝钱包用户在三星智能手机GALAXY S5上已能使用这一服务。这是国内首次在智能手机上开展的指纹支付尝试，此举不仅给用户带去了更安全、更便捷的支付体验，也意味着国内移动支付产业从数字密码时代跨入生物识别时代。

拓展阅读

2017年Q1第三方支付市场份额数据：支付宝占比54%夺魁

经过几年的拼杀，国内第三方支付市场已经逐渐被支付宝和微信支付占领，相信这是广大消费者在大街小巷买东西的时候能够切身感受到的。而艾瑞咨询集团（iResearch）于2017年6月底公布了国内第三方支付市场各品牌份额的调查数据，数据显示，目前支付宝在国内第三方支付市场中的份额最高，并且优势比较明显。

具体数据显示，2017年第一季度中国第三方移动支付交易市场规模达到22.7万亿元，同比增长113.4%。而支付宝的份额同比增长2.2%，目前已经达到了54%，而腾讯旗下的财付通涨幅为1.7%，达到40%。财付通包含微信支付，总体来看，支付宝的优势仍然比较明显，而支付宝和财付通合计占据了国内移动支付市场94%的份额，显然抢夺市场份额已经是它们两者之间的战争。

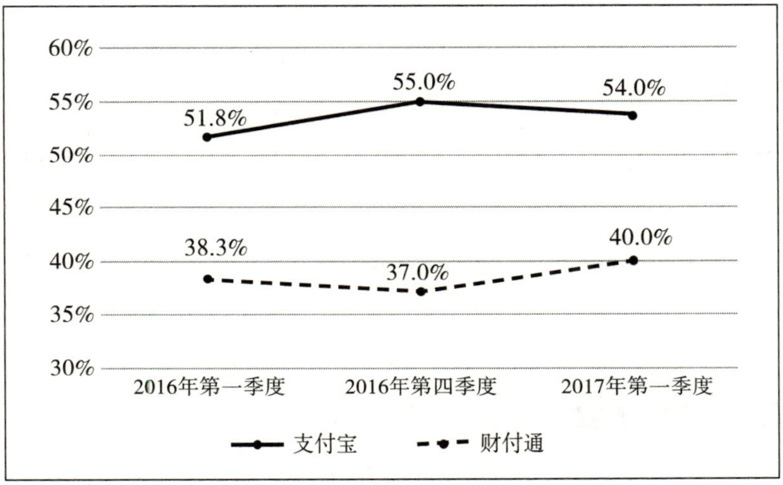

第三方移动支付

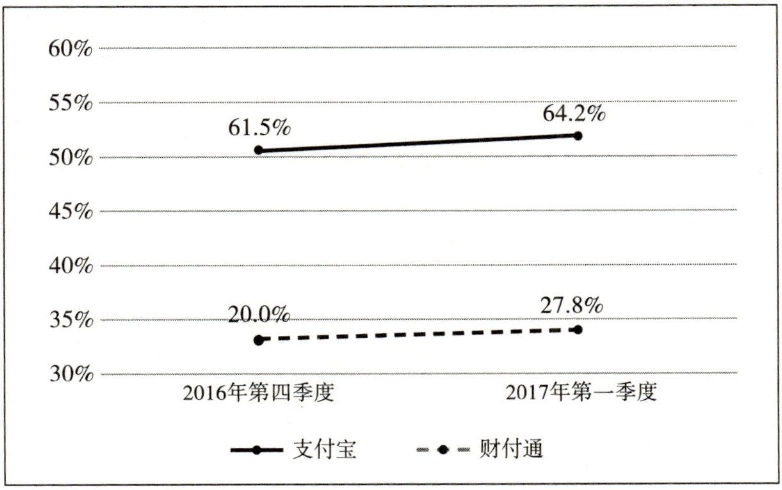

第三方移动支付具有经济效益的交易规模市场格局

至于支付宝和财付通之间的比较，考虑到第一季度包含春节，电商活动处于低潮，对于支付宝而言不是旺季，但对于财付通则是有利的，因此支付宝的份额环比是下降的，而财付通则环比上涨了3个百分点。即便这样，支付宝的总体市场份额仍然较高。根据艾瑞方面的分析，支付宝在金融领域的发力是其快速增长的重要驱动力。在金融市场方面，支付宝的发展潜力更大一些。

此外，根据艾瑞的统计，2017年第一季度第三方支付有经济效益的交易规模方面，支付宝的份额达64.2%，财付通则是27.8%，两者的差距还是比较明显的。

（三）餐饮企业如何利用支付宝收款

1. 电脑网站支付

网上交易时，顾客的交易资金直接打入餐饮企业支付宝账户，快速回笼交易资金。

（1）签约流程。

餐饮企业开通电脑网站支付服务的签约流程分为三个阶段，如下图所示。

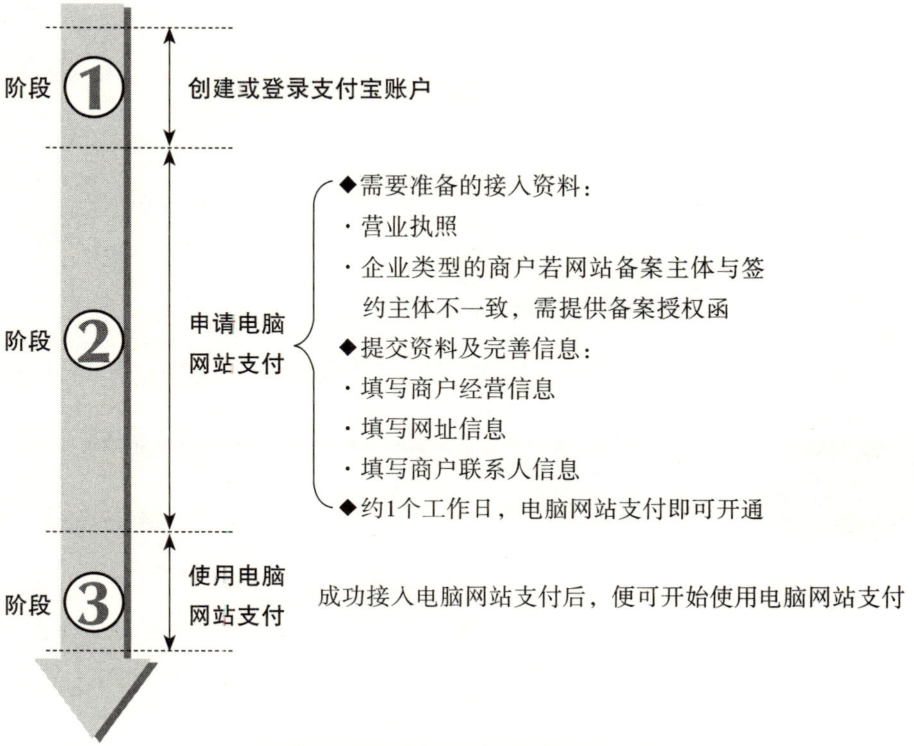

开通电脑网站支付服务的签约流程

（2）顾客支付流程。

顾客使用电脑网站支付的流程如下。

①顾客选择产品。

顾客选择产品

确认产品购买

②顾客选择付款方式。顾客可以选择手机扫一扫付款或在电脑端登录账户付款。

支付宝支付页面

第一种，顾客选择在电脑端登录账户付款，并完成交易。

电脑端登录支付宝付款

选择支付方式

第二种，顾客选择手机扫一扫并完成付款。

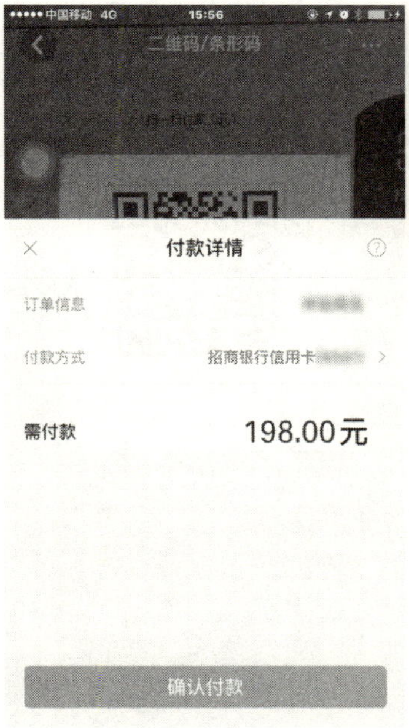

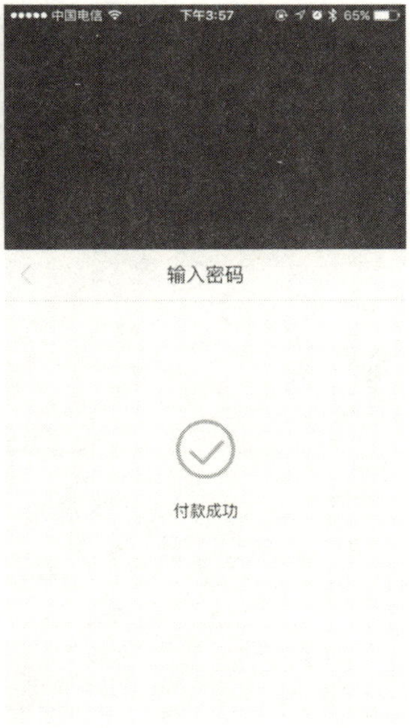

扫描二维码支付　　　　付款成功

③查看交易记录。

成功付款页面

2. 手机网站支付

本支付产品适用于餐饮企业网页，顾客在餐饮企业手机网站进行支付，通过浏览器唤起支付宝客户端进行付款，可获得和App支付相同的支付体验；在没有安装支付宝客户端的情况下，可以继续使用网页完成支付。

餐饮企业开通手机网站支付服务的签约流程与开通电脑网站支付服务的签约流程相同。

顾客使用手机网站支付的流程如下。

①顾客在手机浏览器中选择要购买的菜品或服务。

②顾客提交订单，并选择支付宝付款。

在手机浏览器中提交订单

③支付宝处理支付请求，并尝试唤起支付宝客户端。

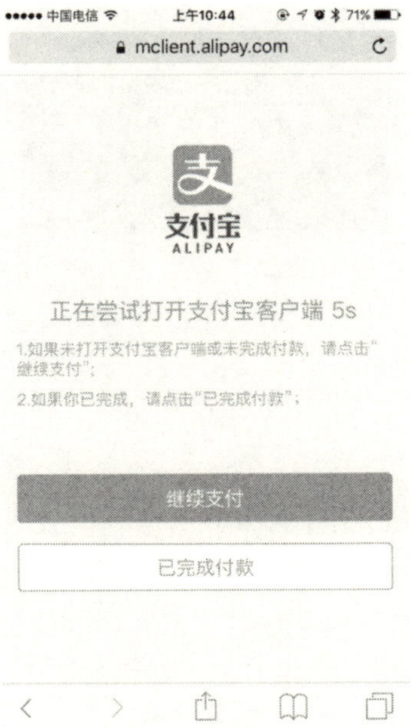

跳转支付宝

④顾客确认订单信息。

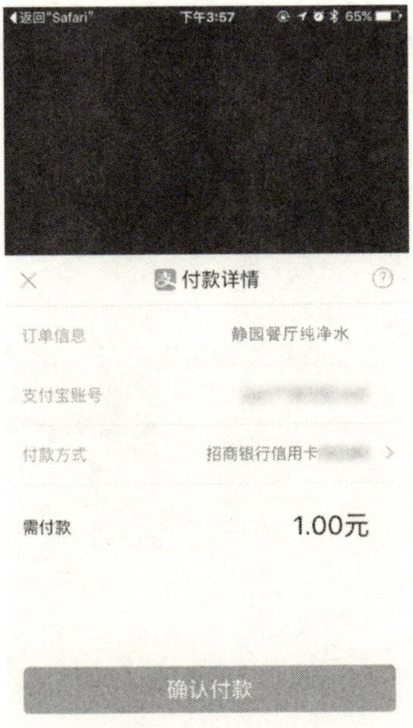

确认订单付款页面

⑤输入密码，付款成功。

输入密码

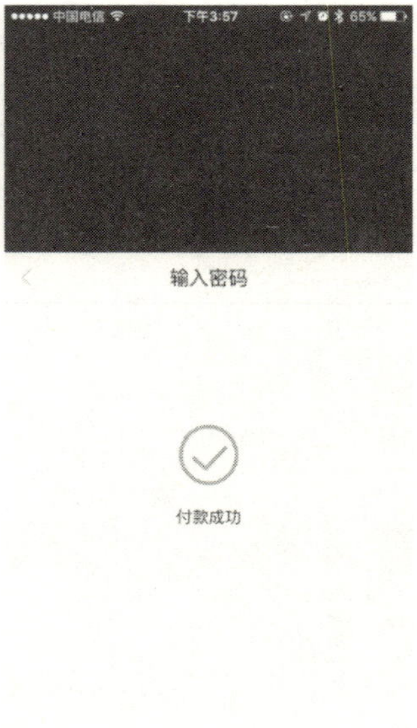

付款成功

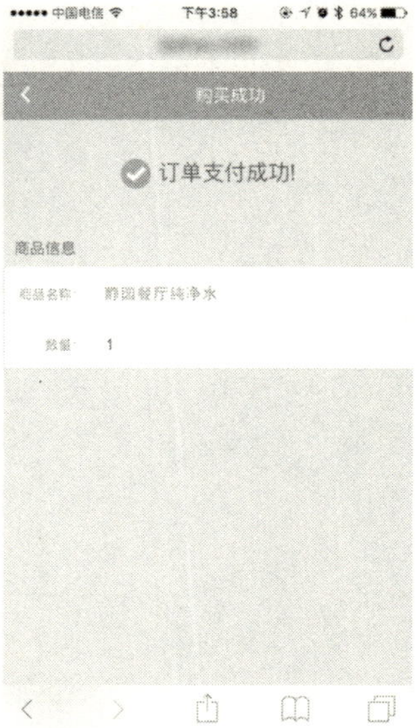

在浏览器中确认支付成功

⑥用户未安装支付宝客户端的支付流程。

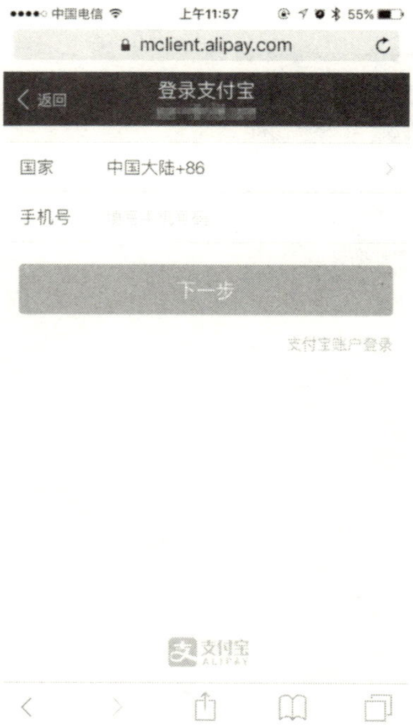

登录支付宝

确认付款

输入支付宝密码

支付成功

3. App支付

顾客在手机、掌上电脑等无线设备的应用程序内，可通过支付宝进行付款，购买特定服务或商品，资金会即时到账。

餐饮企业开通App支付服务的签约流程与开通电脑网站支付服务的签约流程相同。

顾客使用App支付的流程如下。

①顾客在餐饮企业的App中选择产品和服务。

②提交订单。

提交订单

③选择支付宝支付。

选择支付宝支付

④确认付款。

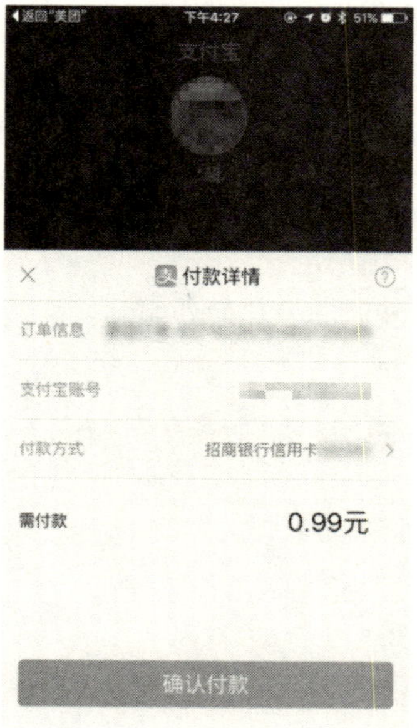

确认付款

⑤付款成功后查看订单信息。

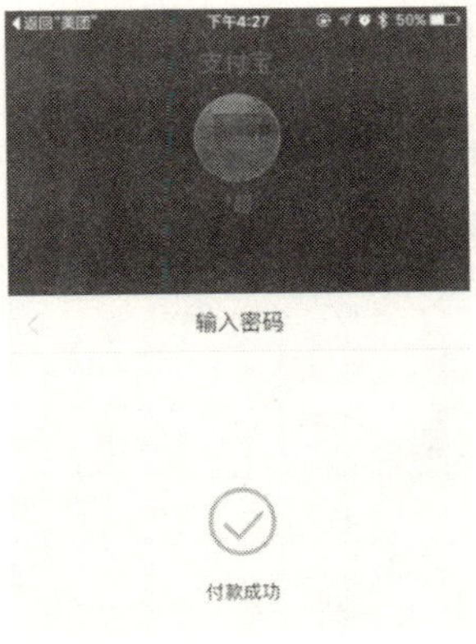

付款成功

App内的支付结果

4. 当面付

商户可通过以下任一方式在线下完成收款。

（1）条码支付。

餐饮企业可通过扫描线下顾客支付宝钱包中的条码、二维码等方式将顾客的交易资金直接打入卖家的支付宝账户，资金会实时到账。

顾客使用条码支付的流程如下。

①用户打开支付宝钱包，点击付款。

支付宝钱包首页

②选择付款码，并提供给收银员用扫描设备扫描。

扫描付款码

③支付成功。

支付成功

（2）扫码支付。

线下顾客可通过使用支付宝钱包扫描餐饮企业的二维码等方式完成支付，这样能提升餐饮企业的收银效率，资金会实时到账。

顾客使用扫码支付的流程如下。

①用户打开支付宝钱包，点击付款。

支付宝钱包首页

②选择扫码付并确认付款。

扫码后确认付款

③支付成功。

支付成功

（3）声波付。

线下顾客可使用支付宝钱包中的当面付功能，通过声波付的方式完成付款，资金会实时到账。

顾客使用声波付的流程如下。

①用户打开支付宝钱包，点击付款。

支付宝钱宝首页

②选择声波付，然后将手机靠近声波接收端。

选择声波付

声波付操作

③支付成功。

支付成功

拓展阅读

实用支付宝小技巧：支付宝餐厅用油情况查询说明

支付宝是一款强大、安全且具有一定影响力的软件，不少商户都离不开它，它也深受广大用户的信赖，这不支付宝前段时间又推出了一款功能，用来查询餐厅用油情况。小伙伴们经常会去外面餐厅吃饭，难免会担心餐厅的油干不干净，是不是地沟油。支付宝刚好帮小伙伴们解决了这一烦恼，让小伙伴们再也不用担心会吃坏肚子了。那么，怎么用支付宝查询餐厅用油呢？

支付宝一键查询餐厅用油情况的方法

阿里巴巴旗下的本地生活服务平台口碑宣布，要联合线下上百万家餐厅发起“无地沟油”行动。承诺不使用地沟油的餐厅，其口碑在线店铺会被打上“无地沟油”的标志并重点推荐。

被打上“无地沟油”标志的餐厅的截图

口碑方面表示，“无地沟油”行动可以让用户更方便地找到卫生、健康的餐厅，也希望通过大众监督的方式让越来越多的商家弃用地沟油。

一键查询承诺不用地沟油的餐厅的方法：打开支付宝的口碑频道后，用户能够一目了然地看到哪些餐厅承诺了不使用地沟油。截至目前，外婆家、千味涮、半秋山等知名餐饮品牌已经参与“无地沟油”行动。

据口碑透露，全国响应参与的餐厅门店数量已经有1万多家，并且还在不断增长中。

顾客在发现餐厅使用地沟油后，可以通过口碑客服热线进行投诉。后续口碑会开放对“无地沟油”标志的评价功能，用户在App里就能评价商家的用油情况。

对于被查明使用了地沟油的商家，口碑会取消其店铺的“无地沟油”标志。根据商家使用地沟油的情节严重程度，口碑还会清退商家店铺，甚至是移交给监管部门、公安部门处理。

口碑公司CEO范驰表示：“食品安全是大众最关注的问题。口碑希望利用互联网平台的公开透明，让消费者找到不使用地沟油的商家。”据介绍，口碑的“无地沟油”行动会持续进行下去，愿意参与的餐饮商家均可报名。

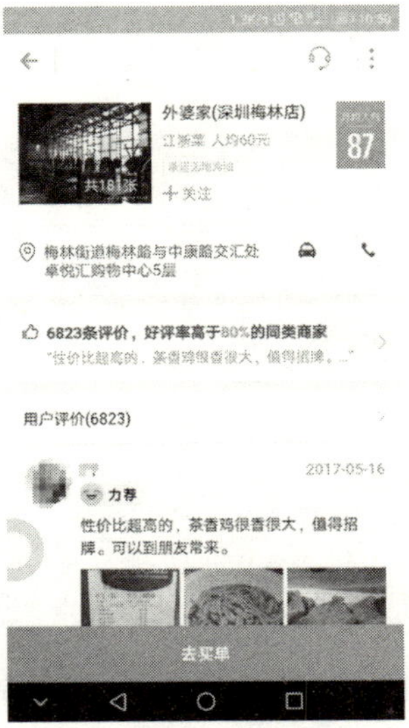

外婆家承诺不使用地沟油的截图

互联网力量：推动解决社会公共问题

2017年4月24日，国务院办公厅印发《关于进一步加强“地沟油”治理工作的意见》（以下简称《意见》），重提地沟油治理问题。《意见》明确提出由食品药品监管总局、工商总局、工业和信息化部负责落实有奖举报制度，杜绝地沟油流向餐桌，彻底解决这一困扰老百姓已久的民生问题。

口碑联合商家发起“无地沟油”行动，是互联网平台第一次参与解决地沟油问题。从地沟油查处的历史来看，大部分的地沟油案件能够破获都是群众举报的结果。

（四）支付宝收钱码的申请

支付宝收钱码的申请有三种情况。

收钱码申请页面截图

1. 手机已安装支付宝

用餐饮企业管理者的支付宝账户，按照下图中的流程申请收钱码。

支付宝收钱码的申请

2. 手机未安装支付宝

餐饮企业管理者需用信赖的软件扫描蚂蚁金服商家中心的申请二维码，输入收款银行卡号、联系人、手机号即可申请收钱码。

3. 其他申请方式

（1）拨打支付宝官方热线。

（2）发送短信“666”到95188。

（3）登录手机支付宝，进入“收钱”页面，点击“商家收钱”进入到“申请收钱码”页面后，点击“立即申请”即可。

（五）支付宝支付的意义

支付宝支付对于餐饮企业来说有着四大意义，如下图所示。

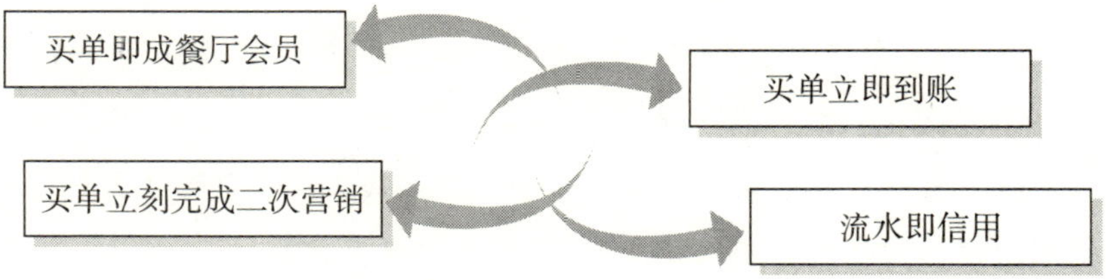

支付宝支付的意义

1. 买单即成餐厅会员

顾客只要通过支付宝钱包买单，就能立刻成为餐厅的会员，餐厅的信息会立刻保存到顾客手机中。支付宝平台自带会员管理系统，方便餐厅掌握会员数据，分析会员消费习惯，制订会员营销方案。

2. 买单立刻完成二次营销

顾客只要通过支付宝钱包买单，餐厅就可以将优惠券、抵值券、红包发送到顾客的手机中，引导顾客下次来店消费并使用。支付宝平台自带营销管理系统，方便餐厅自己开展优惠活动，不用再依赖其他平台。

3. 买单立即到账

只要顾客通过支付宝钱包买单，资金就能立刻进入餐厅的支付宝钱包，当天就可提现至银行卡。

4. 流水即信用

餐厅可根据支付宝流水，提升信用。

拓展阅读

支付宝口碑&云纵沙龙：餐饮商户如何激活线下流量运营

餐饮店顾客流量就在周边。如何用互联网盘活这些流量？在阿里绿地中心召开的餐饮行业运营解决方案研讨会上，来自口碑和其战略合作伙伴云纵的运营专家们，向与会的餐饮负责人深入解读了如何用互联网工具达到“让顾客来，让顾客再来”的目的。

餐饮店90%的流量在线下

一般来说，餐饮店的顾客来自周边3公里之内的地方，尤其是社区店或写字楼底商，顾客所在位置更在寥寥几步之内。根据口碑和云纵的不完全统计，目前线下商家营业收入的90%来自于线下流量，80%以上的营业收入由回头客贡献。因此，盘活线下流量至关重要。

互联网的价值是海量数据，用线上数据洞察消费者心理是做好线下服务的重要依据。根据云纵的运营专家介绍，支付宝让线下消费有了数据化的可能。云纵旗下的纵横客CRM，可以帮商家把通过支付宝接入的海量会员数据进行可视化，直观了解会员的消费倾向、年龄分布、消费频率、消费额度等，达到洞察顾客心理、管理会员的目的。截至2017年5月，纵横客为28万个餐饮商家发展了6600万名会员，创造了3.96亿元的营销收益。

消费者需要的不是优惠，而是优惠的感觉

口碑高级营销专家马克认为，长时间且无差别推出的折扣活动，往往会被顾客忽略；而有针对性地推出营销活动，常常令顾客怦然心动。例如，通过数据分析，为不同属性的顾客推出符合其消费需求的满减券、满赠券、代金券，效果相对更好。

以友丽拌饭为例。据其市场部负责人介绍，基于口碑推出的优惠券最大的特点就是感知很强烈。消费者在扫码点餐的过程中，很容易发现优惠券，领完以后立马可用，激起了消费欲望，2周下来友丽拌饭陆家嘴店的门店总营业额增长了19.9%。

再如，快餐店半亩园(南礼士路店)根据纵横客的建议，设置了3张限制使用面额的优惠券，7天时间内核销率高达12.8%，平均客单价上升12%。

餐饮店需要的不是促销，而是营销

促销以促为核心，目的是甩货；营销以营为核心，目的是经营顾客。甩货在一时，经营顾客才是长久之计。作为新消费互联网营销运营企业，云纵用全新升级的纵横客，帮商家连接支付宝的4.7亿名实名用户，并分析海量数据，对营销、会员管理、数据分析等环节进行优化。

在营销方式上，除常用的一键营销、精准营销、场景营销等方式，纵横客还新增了单品营销、小票引流、小票二维码推广、聚合分享等创新手段。例如，通过单品营销功能推出的爆品券，搭售高毛利商品能提升不少利润；而小票二维码推广，可以供多人多次扫描，既能增加回头客，也能培养潜在顾客。

举例来看，某知名潮汕牛肉火锅连锁店开业大促中，使用纵横客在口碑上进行专属优惠页面展示、单品营销、小票二维码推广等活动，开业首月即完成75.6万元的营业额。

口碑推出的餐饮行业解决方案和云纵基于口碑生态推出的纵横客，为餐饮店利用互联网的数据资产洞察线下顾客心理提供了有效的互联网工具。口碑和云纵的运营专家通过一个个生动案例和一条条计算公式，让在座的餐饮店负责人了解了如何通过口碑和纵横客经营顾客。在座的众多餐饮店负责人表示，将把所学知识运用到实践中。

（本文来源于http://life.oeeee.com）

拓展阅读

半年拿下五个城市，支付宝为何能居“庙堂之高”？

2017年7月6日，支付宝在官方微博宣布，将在2017年8月的第一周（8月1~8日），携手各个城市及无现金联盟，共同打造全球首个“无现金城市周”。届时，全国将一起进入无现金时间，各城市将会用多种方式来鼓励用户参与无现金城市建设。支付宝方面并未公布具体的鼓励方式，但据其透露，鼓励力度将是空前的，目前无现金联盟商家

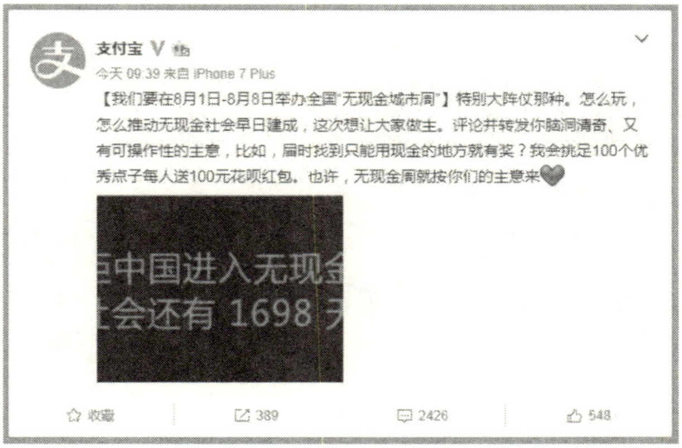

支付宝官方微博截图

已经率先加入，其他商家还会陆续加入。

2017年2月28日，支付宝曾表示希望用5年时间推动中国率先进入无现金社会，虽然当时有人提出质疑，认为要实现这样的目标起码要花一两百年，但实际上，全国各城市响应的热情和推进速度，却超出了不少人的预期。仅仅半年时间，杭州、天津、武汉、福州、贵阳五个城市就纷纷宣布打造无现金城市,相信未来几年无现金城市的数量将呈现爆发性增长。

为什么是这五个城市？

不过问题来了，为什么是这些城市先打造无现金城市呢？

既然无现金城市是由支付宝唱主角，那么这些城市在支付宝的使用方面一定是有独特优势的。第一个无现金城市是杭州，它是阿里巴巴的大本营。而且江浙沪是包邮地区，所以无论是杭州市的领导还是阿里巴巴，都有动力率先在杭州推行无现金支付。

接下来是武汉。武汉有支付宝用户近900万人，使用率在全国城市中排第二。武汉有在校大学生超过百万人，在全世界首屈一指。大学生和年轻人，是移动支付的主要用户群。数据还显示，武汉有430万人是支付宝口碑用户，全市有4.5万家餐馆是口碑商户，另外还有98%的出租车、超过80%的超市和便利店、超过75%的餐饮门店以及美容美发、KTV、休闲娱乐等行业支持移动支付。很多以前必须使用现金的场合，现在都支持移动支付。

天津市常住人口有1550万，其中支付宝实名用户有690万人，占比近五成。2017年5月支付宝发布的无现金出行数据显示，天津人无现金消费指数排名全国第十。

福州拥有支付宝用户近500万人，在最活跃的支付宝用户中，80后、90后占比超过80%。

哎，我用的为什么还是微信？

在支付宝官方不断报喜和媒体的频繁刷屏中，人们低头支付的时候发现：“哎，我用的为什么还是微信？”日活跃用户为8亿的微信仍然占据着支付市场的半壁江山。2017年6月30日艾瑞（iResearch）公布的数据显示，2017年第一季度中国第三方移动支付交易市场中，支付宝市场份额同比增长2.2%，达到54%的市场份额。紧随其后的腾讯旗下的微信支付，市场份额同比增长1.7%，达到40%的市场份额。

餐饮店内摆放了支付宝支付及微信支付宣传牌

微信借助社交优势已经能够完全满足人与人之间的支付需求，在三四线城市里，很多用户只有微信而没有支付宝。大街上卖煎饼果子的小商小贩，都把自己的微信收款二维码贴在小吃车上。基于社交的便利，微信支付的使用更加随意。

数据显示，2014—2016年支付宝的年均复合增长率为118.6%，而微信支付的年均复合增长率高达326.9%。此前，人们在猜测支付宝很可能会先和微信支付平分秋色，然后逐渐被微信支付赶超，因为微信支付具备扫码和高频优势。

支付宝为何能居“庙堂之高”？

微信支付处江湖之远，依托强大的社场景发展得如火如荼。而支付宝却能居庙堂之高，无现金城市全国遍地开花，相关报道中总会出现“××市和蚂蚁金服联合宣布”。没错！支付宝在马不停蹄地和地方政府签约。

杭州、武汉、贵阳等都是二三线城市，说明经济的发展程度对是否打造无现金城市的影响还是次要的，地方政府的态度更为重要。武汉2017年7月在公共服务上的无现金化改造进展迅速，贵阳近几年来在互联网、大数据方面的动作，在同级别城市中也显得非常抢眼。早在2014年贵阳就提出在3年内将实现公共免费Wi-Fi全城覆盖的目标。

而对于支付宝而言，一线城市的格局大局已定，因此对二三线城市的争夺就尤为重要。如果支付宝能够在二三线城市拥有更高的渗透率和打开率，然后借此深入县城和乡镇市场，支付宝的市场份额还将得到进一步的提升。

从2016年第四季度以来，艾瑞开始对有经济效益的交易规模进行统计，最新公布的一份报告显示，2017年第一季度，中国第三方移动支付交易规模为22.7万亿元，其中具有经济效益的交易规模为16.8万亿元，支付宝的市场份额占比最高，达到了64.2%，微信支付次之，占比为27.8%。

相信不管是在几线城市中，人们都会有一种感觉，小卖部、菜市场、大型超市，移动支付都比较普遍了，但公共服务部门反应似乎没那么灵敏。第三方支付市场的红包红利开始衰减，回归“有经济效益的支付”，而这正是支付宝所擅长的。支付宝从诞生第一天起，目标就是满足电商交易的需求，支付宝的核心竞争力在于服务商业和金融。

更为重要的是，无现金只是一个表象，商业、交通、医疗、教育、政务服务等整个城市的全面升级才是支付宝得以居“庙堂之高”的真正原因。随着线下场景越来越丰富，移动支付也渗透得越来越深入，无现金城市的推进甚至可以倒逼职能部门转型升级。

第十章 优惠券支付

章前指引

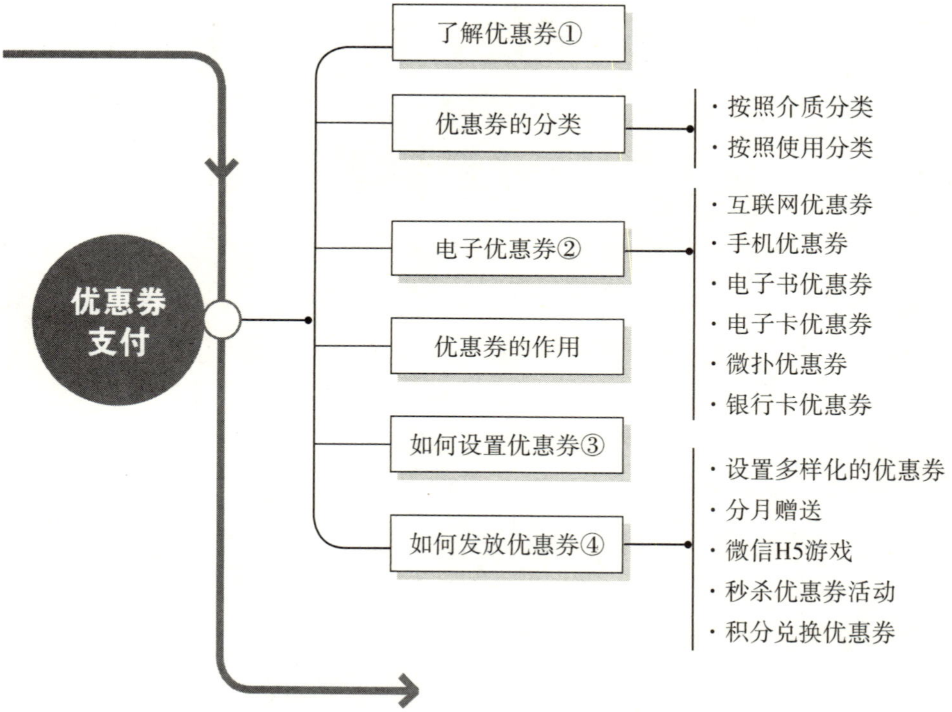

图示说明：

①优惠券是餐饮企业经常使用的优惠促销方法，优惠券使用得当可以使餐饮企业获得高额利润。

②随着科技的发展，电子优惠券渐渐取代了传统的纸质优惠券，餐饮企业记账更加方便，顾客也不会再忘带优惠券了。

③设置优惠券要考虑三个要素：优惠券面额、消费门槛和有效期。

④餐饮企业经营者应掌握发放优惠券的方法，并针对不同顾客的习惯使用不同的方法。

（一）了解优惠券

优惠券是指给持券人某种特殊权利的优待券（如代替现金或享受一定折扣）。代替现金的优惠券又叫“代金券”。优惠券是一个能短期刺激消费者的工具，它与积分（能长期吸引消费者的工具）刚好构成了日常营销的基本工具。

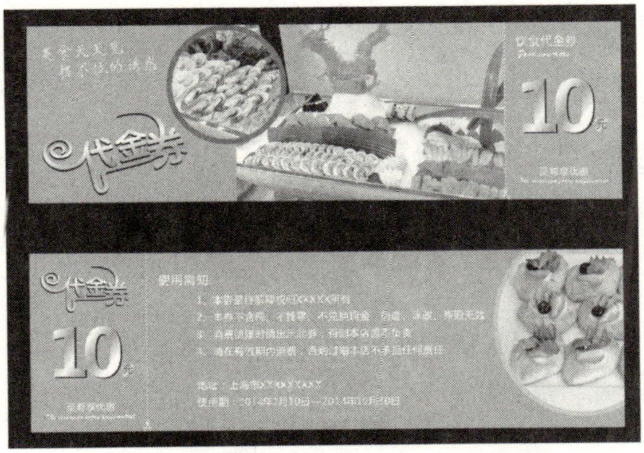

代金券

（二）优惠券的分类

1. 按照介质分类

按照介质来划分，优惠券可以分为四类，如下图所示。

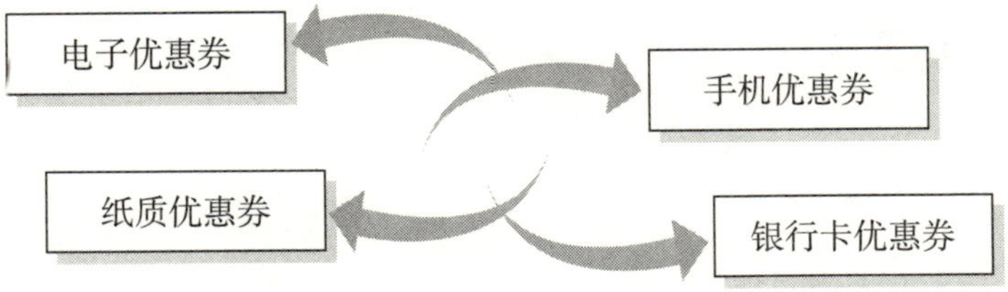

优惠券按照介质分类

2. 按照使用分类

按照使用来划分，优惠券可以分为七类，如下图所示。

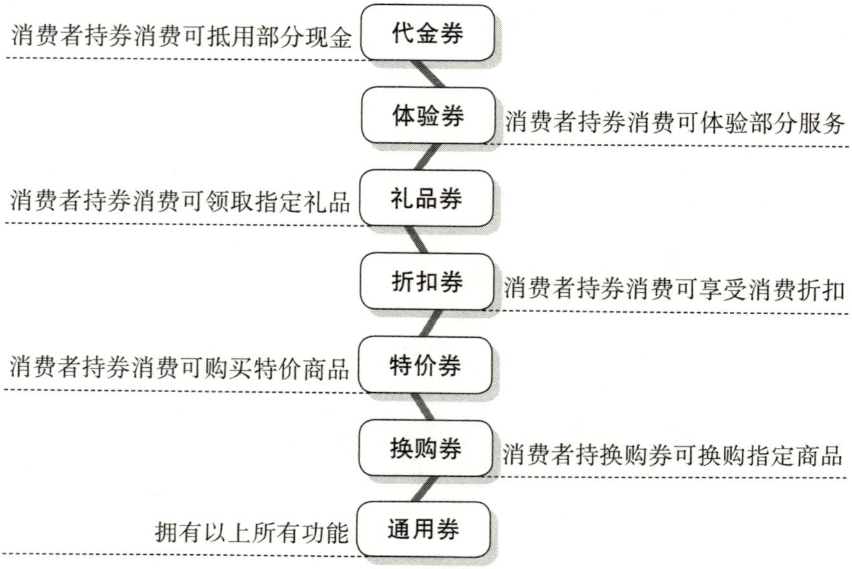

优惠券按照使用分类

（三）电子优惠券

1. 了解电子优惠券

电子优惠券是优惠券的电子形式，指凭借各种电子媒介（包括互联网、彩信、微扑、短信、二维码、图片等）制作、传播和使用的促销凭证。

2. 电子优惠券的形式

电子优惠券主要有几种形式，如下图所示。

01 互联网优惠券
02 手机优惠券
03 电子书优惠券
04 电子卡优惠券
05 微扑优惠券
06 银行卡优惠券

电子优惠券的形式

（1）互联网优惠券。

互联网优惠券主要有五种形式，如下图所示。

形式一：传统电子优惠券。这种优惠券通常为一张事先编辑好的图片，消费者在网上下载并打印成纸质优惠券，然后凭纸质优惠券消费

形式二：新型电子优惠券。新型电子优惠券是以一串代码表示多少元的优惠券，这种优惠券被广泛运用到各大B2C电子商务网站上

形式三：以彩信方式下载的优惠券。将优惠券的电子图片以彩信形式下载到手机上，顾客使用时直接提供该彩信即可

形式四：贵宾网推出的通用电子优惠券——贵宾券。和传统电子优惠券相比，贵宾券具有高价值、全国通用、永不过期、可持续积累的特点

形式五：短信下载的优惠券。可使用互联网搜索下载和手机直接搜索下载两种方式下载

互联网优惠券的形式

（2）手机优惠券。

在手机上安装电子优惠券的应用软件，里面集中了各种商家的优惠券，可以先将自己需要的优惠券收藏起来，使用的时候只要拿出手机向收银员出示之前收藏的电子优惠券，即可享受优惠价格。

（3）电子书优惠券。

通过互联网、3G/4G网络等在手机等终端设备上，传递商家的优惠信息。顾客可直接出示优惠信息，并且电子书优惠券可重复使用。

（4）电子卡优惠券。

电子卡内存入各种优惠信息，每次使用就直接刷卡。这种集折扣、积分、返利、抵扣、兑换、提货等多种优惠于一体的电子卡优惠券对于餐饮企业来讲，优势在于可以即时进行统计和分析，加快企业制定市场决策的速度。

（5）微扑优惠券。

微扑优惠券以会员的手机号码作为唯一凭证，并结合了前几类优惠券的所有功能。会员只需提供手机号码，在使用微扑优惠券时，所有用户交易信息微扑系统都会自动搜集。

（6）银行卡优惠券。

银行卡优惠券对消费者而言，主要是能带来方便。对商家而言，则是便于管理和经营。

（四）优惠券的作用

餐饮企业为什么要提供优惠券给顾客呢？因为优惠券主要有两种作用，如下图所示。

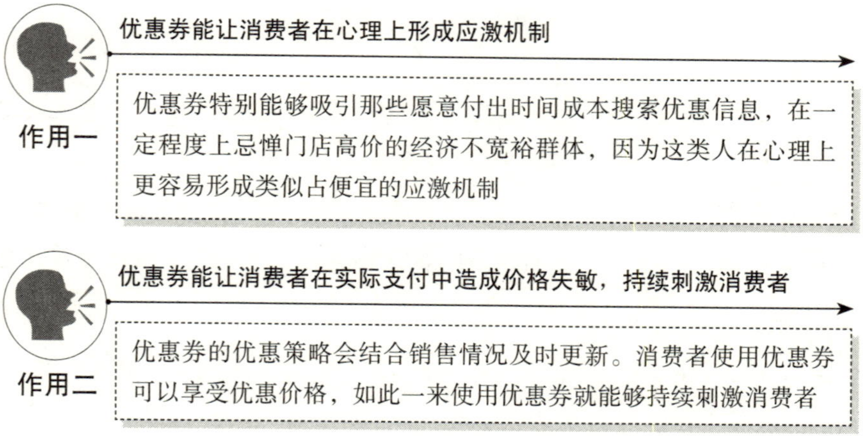

优惠券的作用

（五）如何设置优惠券

餐饮企业的优惠券应该如何设置呢？设置优惠券应考虑三个要素：优惠券面额、消费门槛和有效期，具体如下图所示。

因素一

优惠券面额不能单纯凭感觉来设定，而是要根据自己门店客单价以及活动类型来作出决定。一般情况下，优惠券面额可以定为：轻餐客单的20%；中餐客单的15%；快餐客单的10%

因素二

设置消费门槛的目的是拦住无效顾客，较为精准地吸引忠诚的顾客到店进行二次消费

因素三

有效期需要门店结合顾客的平均消费周期来设定，太长——客人不重视，太短——来不及响应就过期了，如果老会员比较多，有效期可以设置得短一些，这能够有效提高餐厅的消费频次

设置优惠券的三个要素

经典案例

××小吃店该如何设置优惠券

××小吃店的客单价在30元左右，为了增加新顾客，老板李先生决定发放优惠券，那么李先生应该如何操作呢？

优惠券面额：由于目的是为了增加新顾客，因此优惠券的价格定为5元。

消费门槛：因为客单价为30元，可以定下消费满30元才能使用该优惠券的规定。

有效期：餐厅平均消费周期为15天，如果要促进新客户频繁消费，可以将有效期设置为10天以提高消费频次。

（六）如何发放优惠券

餐饮企业发放优惠券主要有以下四种方法。

1. 分月赠送

现在，大部分商家的优惠券都有时效性，以带动活动期间的销售额。一旦这些优惠券失效，或没有派发优惠券时，消费者到店消费的频次就会下降，销售额也随即下滑。这就需要商家把优惠券巧妙地、合理地分月赠送给消费者，比如分3个月或6个月，这样可以定期吸引老客户回访并消费，有利于提高消费者对商家的忠诚度和归宿感。

2. 微信H5游戏

商家通过在微信做抽奖、竞猜等活动并引导消费者参与，可以提高消费者关注商家微信公众号的概率以及调动消费者与商家微信公众号互动的积极性。

3. 秒杀优惠券活动

多数商家发放优惠券都是采用进店领取或者消费就送优惠券的形式，并且优惠金额很小，这些对消费者都没有很大的诱惑力。要提高营业额，商家可以设置一场秒杀优惠券活动，这种优惠券新玩法对消费者来说有很大的吸引力，刺激、娱乐且具有趣味性，消费者对于自己抢到的优惠券也更加有使用的欲望。

4. 积分兑换优惠券

消费者消费时可能会获得积分，当积分系统与电子优惠券打通后，通过消费获得的积分就有了实际价值。比如老用户通过带来新用户获得积分，或是所有用户通过参加商家活动获得积分，这些积分可以用来兑换高价值优惠券。获得消费优惠。商家在通过这种方式回馈老用户的同时，也间接对企业和产品进行了宣传。

参 考 文 献

[1] 刘春龙. 论餐饮业的竞争，供应链才是终极厮杀！[EB/OL]. [2016-12-15]. http://www.sohu.com/a/121623412_228692.

[2] 纪源资本. 供应链的新风口：将进入B2B时代[EB/OL]. [2017-07-07]. http://www.sohu.com/a/155297890_323203.

[3] 江湖CMS. 外卖、团购、跑腿、上门，用户所期待的同城O2O系统到底是什么？[EB/OL]. [2017-06-29]. http://www.admin5.com/article/20170629/760774.shtml.

[4] 汐元. 2017年Q1第三方支付市场份额数据：支付宝占比54%夺魁[EB/OL]. [2017-07-01]. https://www.ithome.com/html/it/315005.htm.

[5] 朝晖. 实用支付宝小技巧：支付宝餐厅用油情况查询说明[EB/OL]. [2017-06-29]. http://pcedu.pconline.com.cn/945/9450320.html.

[6] 邢莉. 半年拿下五个城市，支付宝为何能居“庙堂之高”？[EB/OL]. [2017-07-06]. http://www.sohu.com/a/154959312_522913.

[7] 周翔. 微信公众平台新增定时群发功能[EB/OL]. [2017-06-29]. https://www.leiphone.com/news/201706/SE4ECkywPzUJrahj.html.